世界遺産シリーズ

JN123307

世界遺産

キーワード事典

2020改訂版

目次　本書の読み方使い方

【 目　次 】

表紙写真：バガン（ミャンマー）

【 本書の読み方・使い方 】

＜本書の特色＞

　本書は、ユネスコの「世界遺産」を広義にとらえ、「世界遺産」のこれからの潮流やトレンドを読み解くヒントとなるキーワードを、世界の各国に共通するもの、それに、わが国固有の日本関連のものに大別して特集、整理しました。

＜本書の改訂記録＞

　2001年（平成13年）8月31日に発刊した「世界遺産事典-関連用語と全物件プロフィール-2001改訂版」のうち世界遺産関連用語のセクションを独立させて、2003年3月25日に「世界遺産キーワード事典」を発刊、その後、2008年9月10日に「世界遺産キーワード事典－2009改訂版－」を、今回、11年ぶりに「世界遺産キーワード事典－2020改訂版－」を発刊、今後も定期的に改訂を重ねていきたいと考えています。

＜用語の整理＞

⇒各セクションのキーワードは、英略語は、アルファベット順に、カタカナ語については、
　アイウエオ順に、日本語については、あいうえお順に配列しました。
⇒キーワード索引は、関連用語については、アルファベット順、アイウエオ順に配列しました。

<用語解説>

世界遺産（World Heritage）

　世界遺産とは、人類が歴史に残した偉大な文明の証明ともいえる遺跡や文化的な価値の高い建造物を保存、そして、この地球上から失われてはならない貴重な自然環境を保護することにより、私たち人類共通の財産を後世に継承していくことを目的に、1972年11月にユネスコ総会で採択された世界遺産条約に基づき世界遺産リストに登録されている物件のことです。

　世界遺産とは、ユネスコの世界遺産リストに登録されている世界的に「顕著な普遍的価値」（Outstanding Universal Value）を有する遺跡、建造物群、記念物、そして、自然景観、地形・地質、生態系、生物多様性など、国家、民族、人種、宗教を超えて未来世代に引き継いでいくべき、地球と人類の至宝です。

　世界遺産は、単にユネスコの世界遺産に登録され国際的な認知を受けることだけが目的ではなく、世界遺産をあらゆる脅威や危険から守るために、その重要性を広く世界に呼びかけ、保護・保存のための国際協力を推し進めていくことが世界遺産の基本的な考え方といえます。

　　⇒ワールド・ヘリティッジ
　　⇒専門用語として英語名があるものについては、出来うる限り、英語を並記しました。
　　⇒本書の中での、参照用語については、⇒ワールド・ヘリティッジ　と表記しました。

<本書の作成基準日>　2020年5月31日

2019年　第43回世界遺産委員会バクー（アゼルバイジャン）会議

世界遺産関連用語　共通

バビロン（**Babylon**）
文化遺産（登録基準（(iii)(vi)）2019年
イラク

CITES（Convention on International Trade in Endangered Species of Wild Fauna and Flora）
正式条約名は、「絶滅のおそれのある野生動植物の種の国際取引に関する条約」。
略称、ワシントン条約、或は、サイテス。

DoCoMoMo
（International Committee for the Documentation and Conservation of Monuments and Sites of the Modern Movement）
モダニズム記念物及び遺跡の記録及び保全のための国際委員会

FAO（Food and Agriculture Organization of the United Nations）
国際連合食糧農業機関。人類の栄養及び生活水準を向上させ食糧及び農産物の生産並びに分配の能率、それに、農民の生活条件を改善し、拡大する世界経済に寄与することを目的に1945年に設立された国連の専門機関。設立以来、貧困と飢餓の撲滅にもつとめてきた。本部はローマ。

IBRD
（International Bank for Reconstruction and Development）
国際復興開発銀行。1944年、第2次大戦後、ブレトン・ウッズ協定のもとに設立された国際開発金融機関。開発途上国に対する経済開発、貧困の削減を目的とした貸付、技術協力を行なっている。加盟国数189か国。本部はワシントン。 通称、世界銀行。

ICCROM（International Centre for the Study of the Preservation and Restoration of Cultural Property）
文化財保存及び修復の研究のための国際センター）は、本部をイタリア、ローマにおく国際的な政府間機関（IGO）である。ユネスコによって1956年に設立され、不動産・動産の文化遺産の保全強化を目的とした研究、記録、技術支援、研修、普及啓発を行うことを目的としている。
　世界遺産条約に関するICCROMの役割は、文化遺産に関する研修において主導的な協力機関であること、文化遺産の保存状況の監視、世界遺産条約締約国から提出された国際援助要請の審査、人材育成への助言及び支援などである。

ICOM（International Council of Museums）
ICOMは、1946年に設立されたNGOの一つである国際博物館協議会。151か国の26,000人のメンバーが参加。メンバーは113の国内委員会と30の国際委員会の活動に参加し、国際的なレベルで、博物館および博物館専門職のプロモーションと発展につとめている。ICOMは、国連の経済社会委員会の顧問としての役割を果たしているほか、世界遺産情報ネットワークの発展の為にユネスコ世界遺産センターとの連携がますます重要になっている。また、世界遺産の啓蒙促進の為に可能な限りの展示物の提供等を行っている。本部はパリにあり、UNESCO-ICOM情報センターを含む事務局が置かれている。

ICOMOS
（International Council of Monuments and Sites）
国際記念物遺跡会議。本部をフランス、パリに置く国際的な非政府組織（NGO）である。1965年に設立され、建築遺産及び考古学的遺産の保全のための理論、方法論、そして、科学技術の応用を推進することを目的としている。1964年に制定された「記念建造物および遺跡の保全と修復のための国際憲章」（ヴェネチア憲章）に示された原則を基盤として活動している。世界遺産条約に関するICOMOSの役割は、「世界遺産リスト」への登録推薦物件の審査＜現地調査（夏〜秋）、イコモスパネル（11月末〜12月初）、中間報告（1月中）＞、文化遺産の保存状況の監視、世界遺産条約締約国から提出された国際援助要請の審査、人材育成への助言及び支援などである。

ICOMOSによる専門的評価
（Professional Evaluation by ICOMOS）
ICOMOSは、世界遺産委員会の登録基準に従って各推薦物件の専門的評価を行い、
（a）何の留保も付けずに登録を推薦する物件
（b）登録に対する推薦を行わない物件
（c）登録に疑問のある物件の3つに区分して、ユネスコ世界遺産センターに伝達する。

ICSU
（International Council of Scientific Union）
国際学術連合。人類の利益の為に科学と応用分野において国際的活動を促進する為に設立されたNGO。主に国際生物圏プログラム（IBP）や地球圏・生物圏国際共同研究計画（IGBP）など国際的・学術的研究計画を企画し調整している。また、同様の興味をもつ科学者の国際的、地域的なネットワークをつくることも支援している。1931年設立。本部パリ。

IFLA
（International Federation of Landscape Architects）
IFLAは、ユネスコに関係するNGOとして指定されている世界で唯一の造園に関する専門家集団の国際造園家連盟で、1927年に、スコットランドのエジンバラで設立された。50年以上の伝統を有する。世界の約76か国、約25,000人の会員がIFLAに加盟しており、国際的な視野から造園家の立場で、地球環境保全等に係わる活動を行っている。2019年9月18日から9月20日まで、IFLA年次世界会議が、ノルウェーのオスロム開催された。**通称　イフラ**

ISPRS
（International Society for Photogrammetry and Remote Sensing）
ISPRSは、国際写真測量リモートセンシング学会のこと。対象分野は、写真測量、リモートセンシング、地理情報システム（GIS）、マシンビジョン及びその関連分野。これらの技術を通じて、環境、或は、世界遺産に関する空間的な情報を得ることができる。カメラ、或は、センサにより観測された画像、データから如何に必要とする外界の情報を得るか、空間情報を如何に処理、管理、加工して有用な情報を抽出するかが、ISPRSの主要なテーマ。観測の対象は、世界遺産から地球全体まで大きく広がっている。地形、物体の形状、動きを精密に計測すること、地球環境をモニタリングすることなどあらゆる空間的な情報を取る。ISPRSの日本における代表組織は、日本写真測量学会（JSPRS）

IUCN　（The World Conservation Union）
国際自然保護連合、以前は、自然及び天然資源の保全に関する国際同盟＜International Union for Conservation of Nature and Natural Resources＞）は、国連環境計画（UNEP）、ユネスコ（UNESCO）などの国連機関や世界自然保護基金（WWF）などの協力の下に、野生生物の保護、自然環境及び自然資源の保全に係わる調査研究、発展途上地域への支援などを行っているほか、絶滅のおそれのある世界の野生生物を網羅したレッド・リスト等を定期的に刊行している。世界遺産との関係では、IUCNは、世界遺産委員会への諮問機関としての役割を果たしている。自然保護や野生生物保護の専門家のワールド・ワイドなネットワークを通じて、自然遺産に推薦された物件が世界遺産にふさわしいかどうかの専門的な評価、既に世界遺産に登録されている物件の保全状態のモニタリング（監視）、締約国によって提出された国際援助要請の審査、人材育成活動への支援などを行っている。

IUCN世界保護地域委員会
（IUCN World Commission on Protected Areas）
IUCN世界保護地域委員会は、世界の代表的な保護地域の140か国、2500人以上の専門家からなる先導的な地球規模のネットワーク。IUCN世界保護地域委員会の使命は、世界の陸上及び海上の保護地域の地球規模のネットワークを確立し、効果的な管理を促進し、世界的に認知された保護地域の管理者等への指導、支援を行う。IUCN世界保護地域委員会には、地域別、テーマ別、機能別の部会がある。例えば、地域別には、12の地域部会があり、日本が所属する東アジア部会は、モンゴル、中国、香港特別行政区、マカオ特別行政区、台湾、北朝鮮、韓国、そして、日本の8つの国と地域で構成されている。略称　WCPA。

IUCNによる専門的評価
（Professional Evaluation by IUCN）
IUCNは、世界遺産委員会の登録基準に従って各推薦物件の専門的評価を行い、
(a) 無条件で登録を推薦する物件
(b) 登録を勧めない物件
(c) 情報照会・登録延期の勧告
の3つに区分して、ユネスコ世界遺産センター

に伝達する。

IUGS（International Union of Geological Sciences）IUGSとは、国際地質科学連合の略称。国際地質科学連合は、地質科学の課題に継続的に対処するため1961年に設立された国際組織。地球に関する地質科学的な問題の研究を奨励し促進すること、地球の理解に資する限りにおいて、地球外天体の研究を促進すること、国際的ならびに学際的な共同研究が必要とされる問題の研究を援助すること、地質科学に関する社会の理解を得ることに務め、広い意味での地質学の教育を促進すること、並びに人類全体がもつ諸問題の地質科学的な側面を明らかにすることを目的にしている。

JBIC（Japan Bank for International Cooperation）国際協力銀行は、日本の対外資金協力を一元的に担う機関として、旧海外経済協力基金（OECF）と旧日本輸出入銀行（JEXIM）が統合し1999年10月に発足。主な業務は、ODA業務（海外経済協力業務）と非ODA業務（国際金融等業務）。

NWHF（Nordic World Heritage Foundation）北欧世界遺産財団は、2002年3月に、ノルウェー環境省によって、他の北欧の政府、デンマーク、フィンランド、アイスランド、スウェーデン並びにユネスコの協力で、オスロに設立された。財団の目的は、画期的なプロジェクトの支援や募金活動を通じて、世界遺産の保護を促進するのが目的である。

ODA（Official Development Assistance）ODAとは、政府開発援助のこと。開発途上国に流れる公的資金のうち、経済協力開発機構（OECD）の開発援助委員会の定めた三要件を満たすものをODAとしている。その条件は、政府ないし政府の実施機関によって供与されるもの、開発途上国の経済発展や福祉の向上に寄与することを主な目的とするもの、資金協力の供与条件が開発途上国にとって重い負担とならぬよう無償部分が一定割合以上のものである。ODAは贈与・無償資金協力、技術援助、国連諸機関・国際金融機関などへの出資・拠出及び政府借款で構成されている。

OWHC（Organization of World Heritage Cities）OWHCとは、世界遺産都市機構の略称。世界遺産に登録されている物件のうち、人間が居住する歴史的な遺産をもつ都市は数多くあり、人々の日常生活に適した開発計画と遺産の保護・保全との間で、しばしば特別の管理が必要になる。これら各都市の連携と協調を深め、遺産の保護の為の知識や管理、財源などの情報交換を図ることを目的に、恒常的な国際ネットワーク組織として、1993年9月にモロッコのフェスで設立された。ユネスコの世界遺産リストに登録されている都市がネットワークに加盟している。本部は、1991年7月に最初の世界遺産都市の国際シンポジウムを招致したカナダのケベック・シティにある。また、本部事務局の仕事を支援する地域事務局は、アフリカ・中東地域は、チュニジアのチュニス、アジア・太平洋地域は、韓国の慶州、中央アメリカ・カリブ・メキシコ地域は、メキシコのモレリア、東・中央ヨーロッパ地域は、ポーランドのワルシャワ、ユーロ・アジア地域は、ロシア連邦のカザン、北西ヨーロッパ・北アメリカ地域は、ドイツのレーゲンスブルク、南アメリカ地域は、ペルーのクスコ、南ヨーロッパ・地中海地域は、スペインのコルドバにある。総会は2年に1回開催され、理事会は総会で選任された世界の8つの市町村（現在のメンバーは、クラクフ、ブルージュ、クスコ、慶州、ルクセンブルグ、フィラデルフィア、サン・ミゲル・デ・アジェンデ、蘇州）の市町村長で構成されている。ユネスコが支援する国際的なネットワークをもつNGOの一つで、ユネスコ世界遺産センター（WHC）、ICOMOS、ICCROM、IULA、GCI、歴史都市連盟（本部事務局　京都市）、WTO、BITSなどがパートナーになっている。日本は、白川郷・五箇山の合掌集落がある白川村、南砺市、古都京都の文化財の京都市、古都奈良の文化財の奈良市が加盟している。仏語略称　OVPM、スペイン語略称　OCPM

TICCIH

（International Committee for the Conservation of the Industrial Heritage）

TICCIHとは、産業遺産の保護、保存、調査、記録、研究等を促進する世界的な組織、国際産業遺産保存委員会のことである。分野としては、産業遺跡、建造物群と建築、工場、機械と設備、住宅、工業団地、産業景観、製品と製造過程、産業社会の記録と広範である。TICCIHの会員は、世界中の歴史家、修復家、学芸員、研究者、学生、教師、遺産専門家、及び、産業と産業社会の発展に興味をもっている人達からなる。TICCIHは、2000年以降、ICOMOSにおける産業考古学に関する専門的アドヴァイザーの立場にあり、産業遺産の世界遺産リスト登録にあたっての評価も行っている。

UNCED

（United Nations Conference on Environment and Development）

環境と開発に関する国連会議（国連環境開発会議、地球サミット）。180か国、102名の首脳の参加のもと、1992年にリオ・デジャネイロにて開催。会議の成果として、地球環境その他の環境問題に関する国際的取組の指針となる「環境と開発に関するリオ宣言」、「アジェンダ21」等が策定・採択された。

UNCLOS

（United Nations Convention on the Law of the Sea）

UNCLOSとは、国連海洋法条約のことで、1982年第3次国連海洋法会議で作成、国連総会で採択された条約。「海は、全人類の共有財産であり、国家は海洋に関して人類に対する義務を有する」という基本思想を元に、資源開発などの権利に加え、平和利用や環境保全などの義務を規定している。「世界の海の憲法」と呼ばれる。1994年に発効し、日本は、1996年に批准した。

UNDP

（United Nations Development Programme）

UNDPとは、国連開発計画のことで、国連システムにおける技術協力活動の中核的資金供与機関として、1966年1月1日に設立。「持続可能な人間開発」を基本理念に掲げ、貧困撲滅、雇用促進、女性の地位向上、ガバナンス及び環境保全の5分野を開発の重点目標に置き、166の国・地域で活動している。

UNEP（United Nations Environment Programme）

UNEPとは、国連環境計画のことで、国連の下部機関。1972年に設立。国連諸機関の環境関連活動の総合的調整管理及び環境問題に関する資金的、技術的援助を実施。本部ナイロビ。

UNEP WCMC

（UNEP World Conservation Monitoring Center）

WCMCとは、世界自然遺産のデータベースを管理する世界自然保護モニタリング・センター。WCMCの経緯は、IUCNが1979年に絶滅危惧種を監視する為にイギリスのケンブリッジに事務所を設立、1988年には、世界環境保全戦略の共同プロジェクトとして、IUCN、世界最大の自然保護団体のWWF（世界自然保護基金）、それに、UNEP（国連環境計画）との合同で、独立非営利法人の世界自然保護モニタリング・センターを創立、2000年には、IUCN、WWF、英国政府の支援のもとにUNEPの管下となった。WCMCは、種と生態系の保全に関するグローバルな情報を保有している。世界遺産との関係では、自然遺産については、国名、物件名、IUCNマネージメント・カテゴリー、地理、歴史、面積、土地の所有者、高度、気候、植生、動物相、保全価値、保全管理、管理状態、スタッフ、予算、住所などを網羅した情報をユネスコ世界遺産センターのホームページとリンクして公開している。

UTM（Universal Transverse Mercator）

ユニバーサル横メルカトル図法

WHC（World Heritage Centre）

WHCとは、ユネスコの世界遺産センターのことで、世界遺産条約に基づきユネスコに設置された政府間委員会（世界遺産委員会）の事務局を務めている。

WHIN（World Heritage Information Network）

WHINとは、ユネスコ世界遺産センター、ICOMOS、IUCN、ICCROMの3助言団体、世界

世界遺産関連用語　共通

遺産条約締約国、それに、世界遺産地の管理者等を情報源とする世界遺産情報ネットワークのことである。WHINは、ユネスコ世界遺産センターが主宰しており、世界遺産地のインターネット・サイトとリンクしている。WHINのパートナーシップに参加する為には、一定の基準とガイドラインがあるが、世界遺産地間の情報交換やコミュニケーションを円滑にすると共に、英語、フランス語、或は、現地語で、一般にも情報開示がされている。ユネスコ世界遺産センターのインターネットのホーム・ページでは、世界遺産登録物件の、物件名、国名、緯度・経度と行政区分で示した物件所在地、登録年、登録基準、登録時の世界遺産委員会の報告内容、物件の概要、物件の写真について紹介されているが、更に、詳しい情報を知りたい時には、WHINとリンクしているパートナー機関にもアクセスすることが出来る。しかし、地域・国によって、インターネット等の情報環境が十分ではない為に情報格差（Digital Divide）があり、支援、協力が求められるところである。

WHIPCOE

（World Heritage Indigenous Peoples Council of Experts）

WHIPCOEは、世界遺産と原住民専門家会議のことで、2001年11月24日にケアンズで開催された原住民フォーラムに出席したオーストラリア、カナダ、ニュージーランドの代表者によって、原住民の先祖の土地、伝統文化を守っていく為の法律、政策、計画等を検討する専門家会議の設置が提案された。

WMF

（World Monument Fund）

WMFは、自然災害や内戦などによって深刻な被害を受けている史跡や歴史的建造物などを救う目的で1965年に設立された本部を米国ニューヨークに置く世界文化遺産財団。WMFは、崩壊や消失の危機に瀕している人類の遺産を2年ごとに100か所選び、注意喚起や経済的支援をするのを目的にしたプログラムで、1995年から選定を始めた。推薦や申請のあったリストから、世界各国の専門家らで構成する委員会が選び、遺産の保護を全世界にアピールしている。

わが国では、中世以来の町並みや港湾施設が残る広島県福山市の「鞆の浦」が2002年選定地区に決まった。アメリカン・エクスプレスがスポンサーで、これまでに90か国以上、600以上の遺産について保護・保全プログラムを手がけている。この中には、ユネスコの世界遺産でもあるイタリア・ナポリのポンペイ遺跡、エジプト・ルクソールの王家の谷なども含まれている。

アーカイブ（Archive）

保存記録、記録保存館。

アジア・太平洋地域世界遺産研修・研究所

（World Heritage Training and Research Institute for Asia and the Pacific Region）

アジア・太平洋地域世界遺産研修・研究所は、ユネスコの支援に得て、中国政府が2007年5月に設立した。アジア・太平洋地域世界遺産研修・研究所は、アジア・太平洋地域内の世界遺産の保護に関する国際協力を強化することを意図している。アジア・太平洋地域世界遺産研修・研究所は、1972年の世界遺産条約の履行を強化し、地域レベルでの人材育成と研究を行うことによって、世界遺産センターの活動を補充することが目的で、中国国内の北京（北京大学）、上海（同済大学）、蘇州が拠点である。

略称　WHITR-AP

アジア・太平洋地域における信仰の山の文化的景観に関する専門家会議

（UNESCO Thematic Expert Meeting on Asia-Pacific Sacred Mountains）

アジア・太平洋地域における信仰の山の文化的景観に関する専門家会議（ユネスコ世界遺産センター、文化庁、和歌山県主催）が、2001年9月5日から10日まで和歌山市で開催された。アジア・太平洋地域には、芸術や思想など人間の精神的な活動と深く関連し、また、信仰の対象や修行の場となっている山岳が多く存在している。このような信仰の山を世界遺産の類型の1つである文化的景観として世界遺産に登録する際の評価の基準や保存・管理・整備の在り方などの枠組みについて、アジア諸国の専門家、ユネスコ世界遺産センター及び世界遺産委員会の

助言機関ICOMOS、IUCN、ICCROMの専門家によって検討された。

アスワン・ハイ・ダム（Aswan High Dam）

アスワン・ハイ・ダムとは、1956年、エジプトのナセル政権が計画し、1970年に完成したナイル川上流のダム。このダム建設計画によって水没の危機にさらされたアブ・シンベル神殿やイシス神殿などのヌビア遺跡群の救済問題で、ユネスコが遺跡の保護を世界に呼びかけ、多くの国々の協力で遺跡群を移築したことが、「世界遺産条約」誕生の契機になった。

アップストリーム・プロセス

世界遺産登録の推薦前に行われるアドバイス、コンサルテーション、分析などをさし、世界遺産にふさわしいかどうかの評価段階に入ってから重大な問題を経験する世界遺産登録推薦数を減らすことを目指している。アップストリームとは「上流」の意味で、全体の流れのなかで早い段階という意味。これと区別して、一旦推薦された案件が情報照会や記載延期となってから記載されるまでの段階を、一部でミッドストリーム（中流）と呼ぶことがあるが、作業指針等で定義された用語ではない。

アテネ憲章（Athens Charter）

アテネ憲章とは、1933年に、「近代建築国際会議」（CIAM）で採択された都市計画及び建築に関する理念で、近代都市のあるべき姿を提唱している。また、歴史的建造物を人類共通の遺産として位置づけ、機能主義による都市計画理論として、各国の都市計画に大きな影響を与えた一方、様々な立場から批判も受けた。歴史的建造物の考え方について、アテネ憲章の理念を批判的に継承するヴェネツィア憲章が1964年に、ユネスコによって採択された。

アドバイザリー・ミッション

世界遺産条約締約国により自主的に開始されるものであり、厳密に世界遺産条約上に規定されたものでも必修の手続きでもなく、要請を行う締約国の考え、判断に拠る。アドバイザリー・ミッションは、具体的な事項に関して、ある締約国に対して専門家によるアドバイスを行う現

地調査であると捉えることが出来る。世界遺産の特定、世界遺産暫定リスト若しくは世界遺産リストへの登録のための推薦に関して「アップストリーム」のサポートやアドバイスを行ったり、それとは別に、世界遺産の保全状況に関わったり、主要な開発事業が世界遺産の「顕著な普遍的価値」に対して及ぼし得る影響の評価や管理計画の策定・改訂、特定の影響緩和策の実施において達成された進捗等についてアドバイスを行ったりする。アドバイザリー・ミッションの内容は締約国自身が提案し、世界遺産センター及び関係諮問機関その他の機関との協議の下決定される。アドバイザリー・ミッションの全費用は、現地調査を招聘する締約国が負担する。但し、当該世界遺産条約締約国が国際支援若しくは第38回世界遺産委員会で承認されたアドバイザリー・ミッションのための新たな予算費目からの支出を受けることができる部分を除く。

アフガニスタンの世界遺産
（World Heritage of Afganistan）

アフガニスタンの世界遺産、2002年に開催された第26回世界遺産委員会ブダペスト会議で、「世界遺産リスト」並びに「危機にさらされている世界遺産リスト」（戦乱による損傷、浸水）に登録されたゴール王朝期の「ジャムのミナレットと考古学遺跡」、2001年3月にイスラム原理主義勢力のタリバンによって破壊されたバーミヤン石窟がある「バーミヤン盆地の文化的景観」は、2003年に開催された第27回世界遺産委員会パリ会議で、「世界遺産リスト」並びに「危機にさらされている世界遺産リスト」（崩壊、劣化、盗掘）に登録された。また、これから世界遺産登録をめざす暫定リストには、古代バクトリア王国の都跡である「バルフ」、ティムール王朝の首都であった「ヘラートの市街と遺跡群」、それに、青色が美しい自然湖群の国立公園「バンデ・アミール」が記載されている。

アメリカとイスラエルがユネスコを正式脱退

アメリカとイスラエルは、ユネスコがパレスチナ問題においてイスラエルに対し偏見ある姿勢を取ったと主張してユネスコを脱退、2019年以

降、ユネスコの加盟国ではなくなった。第二次世界大戦後にアメリカが設立を主導した国連機関を脱退することには、象徴的な重要性がある。アメリカとイスラエルは、ユネスコが、国連の決議によりパレスチナの領土であると認められた東クドゥス（東エルサレム）をイスラエルが占領していると批判し、地域の歴史遺産を「パレスチナの文化遺産」とみなし、2011年にパレスチナをユネスコに加盟させたという理由を挙げて、「反イスラエルの偏見を持っている」としてユネスコを批判していた。アメリカのドナルド・トランプ大統領は、2017年10月にユネスコ脱退に向けて正式な申請を行ったが、アメリカ政府に続いて、イスラエルも同様の歩みを踏み出した。アメリカとイスラエルがユネスコを脱退しても、現在予算が大きく削減されているユネスコがその影響をあまり受けるとは予想されていない。アメリカとイスラエルは、2011年にパレスチナのユネスコ加盟が承認された後に、国として予算の支払いを停止していた。アメリカ当局は以前、アメリカはユネスコとの繋がりを維持し、文化的・科学的協力活動などの「政治的ではない」事柄において「オブザーバー」としてのステータスでユネスコの活動を注視していくと伝えている。アメリカは1984年のロナルド・レーガン元大統領の任期中に「ソ連の利益を擁護している」との理由によりユネスコを脱退したことがあり、2003年に再び加盟している。

アメリカの国立公園制度
（America's National Park System）
アメリカの国立公園制度は、歴史地域、自然地域、レクリエーション地域の三つに大別される。世界遺産の仕組みは、自然と文化とははっきり分かれるという考え方のアメリカの国立公園制度の仕組みを参考にスタートした。しかしながら、世界遺産の登録を進めているうちに自然と文化とを分けるには無理があるということが認識されるようになり、新たに、文化的景観、複合遺産という考えが出てきた。

アラビアン・オリックス保護区
（Arabian Oryx Sanctuary）
アラビアン・オリックス保護区は、オマーン中

央部のジダッド・アル・ハラシス平原の27500km²に設けられた保護区。アラビアン・オリックスは、IUCN（国際自然保護連合）のレッドデータブックで、絶滅危惧（Threatened）の絶滅危惧ⅠB類（EN=Endangered）にあげられているウシ科のアンテロープの一種（Oryx leucoryx）で、以前はサウジ・アラビアやイエメンなどアラビア半島の全域に生息していたが、野生種は1972年に絶滅。カブース国王の命により、アメリカから十数頭のアラビアン・オリックスを譲り受けることによって、繁殖対策を講じた。オマーン初の自然保護区として、マスカットの南西約800kmのアル・ウスタ地方に特別保護区域を設け、野生に戻すことによって繁殖に成功した。また、1998年には、エコ・ツーリズムの実験的なプロジェクトが開始された。2007年の第31回世界遺産委員会クライストチャーチ会議で、オマーン政府による、世界遺産登録範囲内の保護区域削減による完全性の損失から、世界遺産としての「顕著な普遍的価値」が失われ、前代未聞となる世界遺産リストから抹消される事態となった。
自然遺産（登録基準（x））　1994年登録
【世界遺産リストからの抹消　2007年】

アルハンブラ宮殿（Alhambra Palace）
スペインのグラナダに残る13〜15世紀の宮殿。「赤い城」を意味するイスラム建築の代表的な物件。「グラナダのアルハンブラ、ヘネラリーフェ、アルバイシン」という名称で、1984年に世界遺産に登録されている。

アレキサンダー大王（Alexander the Great）
マケドニア王（在位紀元前336〜前323年）。東方遠征を行い、アケメネス朝（ペルシャ）を滅ぼし、ギリシャ、エジプト、ペルシャにまたがる大帝国をうち建てた。

イエズス会（Society of Jesus）
イエズス会は、キリスト教カトリックの男子修道会。1534年、イグナチオ・デ・ロヨラやフランシスコ・ザビエルなどが創設した。ジェスイット派、ヤソ会などとも呼ばれ、宗教改革以来、特に海外での布教、伝道で活動した。

イコン（Icon）

キリスト教において神や聖人を描いた聖画像のことで、崇敬の対象となった。聖像は、東方教会では、立体的な彫像は禁止され、平面の板に描かれたものしか認められなかった。英語のicon（アイコン）は、このギリシャ語のイコンに由来する。

遺産影響評価

（HIA: Heritage Impact Assessment）
自然環境に対する影響を評価する環境影響評価をモデルとして、世界遺産の「顕著な普遍的価値」（Outstanding Universal Value）に対する影響を評価すること、または、そのための手法。2003年以降、世界遺産委員会の勧告でHIAの実施を要求することが多くなってきている。2019年の＜作業指針＞の改定により、遺産影響評価に関する段落が追加された。すなわち、「世界遺産の遺産範囲内もしくはその周辺で実施することが計画されている開発事業について、その前提条件として、環境影響評価（EIA）、遺産影響評価（HIA）、戦略的環境評価（SEA）が確実に実施されるよう締約国は努めること。これらの評価によって、遺産の「顕著な普遍的価値」に対する潜在的影響（正負両方）と共に、開発の代替案を特定し、劣化に対する影響緩和措置や、遺産内、または、より広いセッティングにおける文化遺産もしくは自然遺産に対するその他の負の影響に対する影響緩和措置を提言すること。これにより、「顕著な普遍的価値」を長期的に守り、災害や気候変動に対する遺産のレジリエンスを強化することとなる。」

意匠（Design）

意匠とは、物の形状、模様、色彩など、物の外観のデザインをいう。

イースター島（Easter Island）

チリの首都サンチャゴから西へ3760kmの大平洋上に位置する火山島。公式名パスクア島。現地語ではラパ・ヌイ（大きな島の意）と呼ばれる。巨石像（モアイ）の立つ島として知られ、現在までに約1000体が発掘されている。「ラパ・ヌイ国立公園」として1995年に世界遺産に登録されている。

世界遺産条約履行のための戦略的目標「5つのC」

信用性の確保（Credibility）、保存活動（Conservation）、能力の構築（Capacity building）、意思の疎通（Communication）、コミュニティの活用（Community）（2002年の第26回世界遺産委員会ブダペスト（ハンガリー）会議で採択。5つめのC（コミュニティ）は、2007年の第31回世界遺産委員会クライストチャーチ（ニュージーランド）会議で追加された。

移動性野生動物種の保全に関する条約

（Convention on the Conservation of Migratory Species of Wild Animals）
移動性野生動物種の保全に関する条約は、CMS、或は、ボン条約としても知られている。移動性野生動物種の保全に関する条約は、陸生動物類、海洋動物類、鳥類の移動性種を保護することが目的である。移動性野生動物種の保全に関する条約は、地球規模での野生動物と生息地の保護と関連した国連環境計画のもとに締結された政府間条約で、2020年5月現在、130か国が加盟している。移動性野生動物種に対する主要な危険要因としては、生息地の破壊、ダム、発電所、送電線、フェンスなど移動に際しての障害、漁業における偶発的な捕獲、過度な狩猟、移入種、産業汚染、気候変動などが挙げられる。移動性野生動物種の保全に関する条約の加盟国は、絶滅のおそれのある移動性野生動物種の厳格な保護、移動性野生動物種の保護と管理に関する多国間協定の締結、共同研究活動によって移動性野生動物種とその生息地を保護するために活動している。移動性野生動物種の保全に関する条約のもとで、現在までに幾つかの多国間協定が締結され、ヨーロッパのコウモリ、地中海と黒海の鯨類、バルト海と北海の小型鯨類、ワッデン海のアザラシ、アフリカとユーラシアとの間を移動する水鳥、ソデグロヅル、シロハラチュウシャクシギ、ウミガメなどの動物が保護されている。

イスラム教（Islam）

ムハンマド（マホメット）が創始した、アッラーを唯一神とする宗教。コーランを聖典とする。イスラムとは、アラビア語で「神への絶対

服従」を意味する。仏教、キリスト教と共に世界三大宗教のひとつ。

遺跡（Sites）

自然と結合したものを含む人工の所産および考古学的遺跡を含む区域で、歴史上、芸術上、民族学上、または、人類学上、「顕著な普遍的価値」を有するものをいう。

岩画遺跡（Rock Art Sites）

岩画は、先史時代の読み書きを知らない人々によって、岩の表面に絵や線が刻まれた。岩画は、人類の歴史を知る上で、最も重要な記録であり、人類共通の財産でもある。これまでに、10万点を越える先史時代の作品が発見され記録されているが、推定2000万点を越える画や記号を含む岩画がある70万サイトもある。世界遺産リストには、タッシリ・ナジェール（アルジェリア）、ツォディロ（ボツワナ）、アルタミラ洞窟（スペイン）、ターヌムの岩石刻画（スウェーデン）、サンフランシスコ山地の岩絵（メキシコ）、ピントゥーラス川のラス・マーノス洞窟（アルゼンチン）などの岩画遺跡が登録されている。

岩のドーム（Dome of the Rock）

エルサレムにあるウマイヤ朝カリフが建設したイスラム教第3の聖地で、7世紀末に完成した神殿である。

インカ帝国（Inca Empire）

インカ帝国とは、南米のペルー中央山地の大平洋岸、アンデス山脈に沿った地域を中心に栄えた帝国。ケチュア人が13世紀中ごろにクスコを首都として建設した。皇帝は太陽神インティの化身とされ、巨石を使った建築物を建設し、情報収集のためチャスキとよばれる通信網を確立、住民を支配した。1533年にスペイン人のフランシスコ・ピサロによって征服された。

インダス文明（Indus Valley Civilization）

インダス文明とは、紀元前2300年頃～紀元前1800年頃　南アジア、インド最初の都市文明。インダス川の中下流域を中心に成立。整然とした都市計画のみられる文明。モヘンジョ・ダ

ロ、ハラッパー（現在のパキスタン）は、代表的な遺跡。

インターンシップ（Internship）

インターンシップとは、学生が一定期間、企業や機関などの中で研修生として働き、自分の将来に関連のある就業体験を行える制度をいう。

ヴィルンガ国立公園
（Virunga National Park）

ヴィルンガ国立公園（旧アルベール国立公園）は、コンゴ民主共和国の赤道直下の熱帯雨林帯から5110mのルウェンゾリ山迄の多様な生態系を包含し、ルワンダとウガンダの国境沿いに南北約300km、東西約50kmにわたって広がる1925年に指定されたアフリカ最古の国立公園で、鳥類も豊富であり、ラムサール条約の登録湿地にもなっている。ヴィルンガ山脈を越えると南方にはキブ湖が広がり風光明媚。大型霊長類のマウンテン・ゴリラの聖域で、ジョンバ・サンクチュアリは、その生息地であるが、密猟などで絶滅危惧種となっている。また、中央部のエドワード湖には、かつては20000頭のカバが生息していたが、現在は800頭ほどにも激減している。1992年にいったん危機リストから解除されたが、難民流入、密猟などにより、再び、1994年に「危機にさらされている世界遺産」に登録された。2007年の第31回世界遺産委員会クライストチャーチ会議で、監視強化が要請された。

自然遺産（登録基準（vii）（viii）（x））
1979年登録　★【危機遺産】1994年登録

ヴェネツィア憲章（Venice Charter）

ヴェネツィア憲章は、歴史的建造物の保存と修復に関わるユネスコの憲章である。1964年、ヴェネツィアで開催された第2回歴史的建造物群の建築家と専門家会議において採択された。ヴェネツィア憲章は、1931年の歴史的建造物群の修復に関するアテネ会議で起草されたアテネ憲章（Athens Charter）を批判的に継承した国際憲章である。ヴェネツィア憲章の理念に基づいて、1965年に、イコモス（ICOMOS＜International Council on Monuments and Sites＞国際記念物遺跡会議）が設立された。歴史的建造物を修復する場合には、建設当初の部材を尊

世界遺産関連用語　共通

重すること、損なわれた箇所を補足する場合は推測ではなく科学的な根拠のある復原とすること、当初からの部材と修復された部分が明確に区別できるようにすることなど、文化財の保存と修復にあたっての基本的な理念が記述されている。

エコ・システム（Eco-system）

エコ・システムとは、1935年にイギリスの植物生態学者A.タンズレーによって初めて用いられた言葉で、日本語では、生態系のこと。ある地域の全ての生物群集とそれらの生活空間である無機的環境を含めた系を指す。生物群集は、緑色植物、動物、細菌や菌類に分類することができる。無機的環境の構成要素は、大気、水、土壌、光等である。緑色植物は太陽光を利用し、水や土壌中の微量元素等の無機物から有機物を合成する。これを草食動物が食べ、草食動物は、肉食動物に食べられる。動植物の死骸や動物の排出物は細菌や菌類によって分解されて無機物となり、再び環境の中に放出される。生態系の中では、この変化に伴ってエネルギーや物質が循環している。森林伐採による植物相、動物相、微生物相の変化とこれに続く土壌流出や洪水の誘発、自然界では分解できない組成のごみ、分解しきれない量のごみの排出など、人間による生態系の破壊が近年大きな問題となっている。

エルサレムの旧市街とその城壁

（Old City of Jerusalem and its Walls）
エルサレムは、ヨルダン川に近い要害の地に造られた城郭都市。世界三大宗教であるユダヤ教、キリスト教、イスラム教の聖地として有名。約1km四方の城壁に囲まれた旧市街には、紀元前37年にユダヤ王となったヘロデ王によって築かれ、その後、ローマ軍の侵略によって破壊され、離散の民となったユダヤ人が祖国喪失を嘆き祈る様子から「嘆きの壁」と呼ばれるようになった神殿の遺壁、327年にローマのコンスタンティヌス帝の命でつくられたキリスト教の「聖墳墓教会」、イスラム教徒のモスクで、691年にウマイヤ朝の第5代カリフのアブドゥル・マリクによって建てられた黄金色に輝く「岩のドーム」などがあり、中世の面影が残る。ヨルダンの

推薦物件として登録された。また、民族紛争などによる破壊の危険から1982年に危機にさらされている世界遺産に登録された。2007年の第31回世界遺産委員会クライストチャーチ会議で、監視強化が要請された。
文化遺産（登録基準(ii)(iii)(vi)）
1981年登録　ヨルダン推薦物件
★【危機遺産】　1982年登録

エルニーニョ現象（El nino effect）

エルニーニョ現象とは、南米のエクアドルからペルー沖で、毎年12月から3月ごろに起こる海水温度の上昇が数年に一度異常に高くなる現象である。その範囲は、日付変更線付近まで拡がって、1年以上持続することがあり、これが遠隔連結によって、遠く離れた地域にまで異常気象をもたらすと考えられている。1982年～83年には、この現象が最大の規模で発生し、世界各地で干ばつや大雨、熱波、寒波などの異常気象が起きた。これとは反対に海水温度が平年よりも低くなる現象をラニーニャ現象という。

オカピ野生動物保護区

（Okapi Wildlife Reserve）
オカピ野生動物保護区は、コンゴ民主共和国の北東部、エプル川沿岸の森林地帯にある。オカピ野生動物保護区は、イトゥリの森と呼ばれるコンゴ盆地東端部のアフリカマホガニーやアフリカチークなど7000種にのぼる樹種が繁る熱帯雨林丘陵地域の5分の1を占める。絶滅に瀕している霊長類や鳥類、そして、5000頭の幻の珍獣といわれるオカピ（ウマとロバの中間ぐらいの大きさ）が生息している。また、イトゥリの滝やエプル川の景観も素晴らしく、伝統的な狩猟人種のピグミーのムブティ族やエフェ族の住居もこの野生動物保護区にある。森林資源の宝庫ともいえるイトゥリの森では、森林の伐採が進んでおり、伝統的な狩猟民や農耕民の生活にも大きな打撃を与えることが心配されている。オカピ野生動物保護区は、1997年、武力紛争、森林の伐採、密猟などの理由で「危機にさらされている世界遺産」に登録された。2007年の第31回世界遺産委員会クライストチャーチ会議で、監視強化が要請された。
自然遺産（登録基準(x)）　1996年登録
★【危機遺産】1997年登録

オスマン帝国（Ottoman Empire）

1299～1922年。小アジア、アナトリアを中心に興ったイスラム帝国。北アフリカ、西アジア、バルカン半島黒海北部まで勢力を拡大し、一大帝国に発展した。首都はイスタンブール。16世紀前半のスレイマン大帝時代に最盛期を迎え、地中海の制海権を握ったが、18世紀以降は衰退し、19世紀に入ると西欧列強の干渉を受け東方問題を招き、第一次世界大戦後のトルコ革命で崩壊した。

オーセンティシティ（Authenticity）

オーセンティシティとは、広義では本物で真正なこと。遺跡や建造物などの文化遺産がもつ芸術的な真価、歴史的な事実などをいい、真正性、或は、真実性を意味する。

オーセンティシティに関する奈良ドキュメント（Nara Document on Authenticity）

オーセンティシティに関する奈良ドキュメントは、1994年11月に日本の奈良市で開催されたオーセンティシティに関する奈良会議で採択された。オーセンティシティに関する奈良ドキュメントは、「世界文化遺産は、地理上、気候上あるいは環境上の諸条件のような自然条件と文化的、歴史的背景との脈絡の中で保存されるべきであり、こうして、真の意味におけるオーセンティシティが守れる」という内容で、ベニス憲章に明示されている一元論的保存の理念が大幅に修正された。

オードレイ・アズレー（Audrey Azoulay）。

現ユネスコ事務局長。1972年パリ生まれ、パリ政治学院、フランス国立行政学院(ENA)、パリ大学に学ぶ。フランス国立映画センター(CNC)、大統領官邸文化広報顧問等重要な役職を務め、フランスの国際放送の立ち上げや公共放送の改革などに取り組みなど文化行政にかかわり、文化通信大臣を務める。2017年3月のイタリアのフィレンツェでの第1回G7文化大臣会合での文化遺産保護(特に武力紛争下における保護)の重要性など「国民間の対話の手段としての文化」に関する会合における「共同宣言」への署名などに主要な役割を果たし、2017年11月、イリーナ・ボコヴァ氏に続く女性としては二人目、フランス出身のユネスコ事務局長は1962～1974年まで務めたマウ氏に続いて2人目のユネスコ事務局長に就任。

オーナー（Owner）

オーナーとは、法的所有権の所持者。文化財の場合、文化財に対して専門的管理を行使する博物館長やキュレーターや司書等の人々を指す場合もある。

オーバー・ユース（Over use）

オーバー・ユースとは、収容力に対して、利用者の数が超過する現象をいう。過剰利用。結果的に、自然環境などの損傷につながり環境破壊となる。

オベリスク（Obelisk）

古代エジプトの太陽神の象徴である先の尖った巨大な石柱。柱面には、象形文字の碑文が刻まれている。ハトシェプスト女王の建てたオベリスクは、高さが約30mもある。

海面上昇（Sea level rise）

海面上昇とは、気温の上昇による海水の膨張や氷の融解が原因となり、海面水位が上昇すること。地球温暖化の影響として懸念されており、温室効果ガスの濃度が現在の増加率で推移した場合、2025年までに地球全体の平均気温は現在より約1度、21世紀末までには約3度上昇することがあり得ると予測されている。そしてそれに伴う海面上昇は、2030年までに約20cm、21世紀末までには約65cm（最大約1m）と予測されている。海面上昇の結果、各地に大きな被害が出るものと考えられており、例えば、ナイル川河口など海面上昇に対して非常に弱い地域では、多くの人々が土地を失う恐れがあるほか、モルジブなど海抜2m程度しかない国では、1m海面が上昇すると、台風が来ただけで国全体が壊滅状態になる恐れがあるとされている。また日本の沿岸域では現在861km²が満潮水位以下にあり、仮に1m海面が上昇すると、この範囲が約2.7倍に拡大、高潮・津波の氾濫危険地域が約4倍拡大するとされている。

ガウタマ・シダールタ（釈迦牟尼）
（Gautama Siddhartha）
紀元前563頃～紀元前483年頃。仏教の開祖。ネパールのルンビニに生まれ、北インドのブッダガヤの菩提樹の下で悟りを開き仏陀と呼ばれるようになった。

カスバ（Kasbah）
カスバとは、アラビア語で、「要塞」の意味。北アフリカ諸国に見られる城塞や城壁で囲まれた都市や旧市街のことで、世界遺産では、「アルジェのカスバ」（アルジェリア　1992年登録）が有名。

化石発掘地（Fossil sites）
化石発掘地は、地球の記憶である。化石発掘地は、最も重要な地質時代の証人であり、地球の進化に関して啓蒙するものである。動植物の化石は、生命史を解読するものである。国際社会は、地球上で、地質学上、古生物学上、重要な地の保護とも関係している。世界遺産リストには、「オーストラリアの哺乳類の化石遺跡（リバースリーとナラコーテ）」（オーストラリア　1994年登録）、「ドーセットと東デボン海岸」（イギリス　2001年登録）、「メッセル・ピット化石発掘地」（ドイツ　1995年登録）、「ダイナソール州立公園」（カナダ　1979年登録）などの化石発掘地が登録されている。

カパック・ニャン（Qhapaq Nan）
カパック・ニャンとは、インカ時代のアンデス山脈の主要道路のこと。インカの人々は、プレ・インカ文化やインカ文化によって作られたこのインカ道を利用して、海抜0メートルの灼熱の砂漠から6000メートルの極寒のアンデス山脈までの道路網を完成させ発展させた。現在、ペルー、ボリビア、エクアドル、チリ、アルゼンチン、コロンビアの南米6か国は、約6000kmに及ぶ「カパック・ニャン」の世界遺産登録に向けての活動を推進している。このアンデス山脈の交通網の驚くべき文化的価値と自然の素晴らしさを保護し、多くの周辺住民が恩恵を得られるよう、また、世界各国からの旅行者が継続してここを訪れ、その遺産価値を見出せるよう

に、米州開発銀行（IDB）の支援で、総合的なカパック・ニャン計画の準備が進められている。

カフジ・ビエガ国立公園
（Kahuzi-Biega National Park）
カフジ・ビエガ国立公園は、コンゴ民主共和国とルワンダとの国境、キブ湖の西にある。地名の由来が示すようにカフジ山（3308m）とビエガ山（2790m）の高山性熱帯雨林と竹の密林、沼地、泥炭湿原の特徴をもつ。1970年に国立公園に指定されたのは絶滅が危惧されている固有種のヒガシローランド・ゴリラの保護が目的であったが、国立公園内にはチンパンジー、ヒョウ、サーバルキャット、マングース、ゾウ、アフリカ・スイギュウや多くの鳥類も生息している。1997年に、密猟や地域紛争、過剰な伐採による森林破壊などの理由で「危機にさらされている世界遺産」に登録された。2007年の第31回世界遺産委員会クライストチャーチ会議で、監視強化が要請された。
自然遺産（登録基準(x)）　　1980年登録
★【危機遺産】1997年登録

カルパチア山脈とヨーロッパの他の地域の原生ブナ林群
（Primeval Beech Forests of the Carpathians and Other Regions of Europe）
カルパチア山脈とヨーロッパの他の地域の原生ブナ林群は、当初2007年の「カルパチア山脈の原生ブナ林群」から2011年の「カルパチア山脈の原生ブナ林群とドイツの古代ブナ林群」、そして、2017年の現在名へと登録範囲を拡大し登録遺産名も変更してきた。「カルパチア山脈の原生ブナ林群」は、ヨーロッパの東部、スロヴァキアとウクライナの両国にわたり展開する。カルパチア山脈の原生ブナ林群は、世界最大のヨーロッパブナの原生地域で、スロヴァキア側は、ボコウスケ・ヴルヒ・ヴィホラァト山脈、ウクライナ側は、ラヒフ山脈とチョルノヒルスキー山地の東西185kmにわたって、10の原生ブナ林群が展開している。東カルパチア国立公園、ポロニニ国立公園、それにカルパチア生物圏保護区に指定され保護されている。ブナ一種の優占林のみならず、モミ、裸子植物やカシなど別の樹種との混交林も見られるため、植物多様性の観点からも重要な存在である。ウクライナ側だけで

世界遺産関連用語　共通

も100種類以上の植物群落が確認され、ウクライナ版レッドリスト記載の動物114種も生息している。しかし、森林火災、放牧、密猟、観光圧力などの脅威にもさらされている。2011年の第35回世界遺産委員会パリ会議で、登録範囲を拡大、進行しつつある氷河期以降の地球上の生態系の生物学的、生態学的な進化の代表的な事例であるドイツ北東部と中部に分布する5つの古代ブナ林群(ヤスムント、ザラーン、グルムジン、ハイニッヒ、ケラヴァルト)も登録範囲に含め、登録遺産名も「カルパチア山脈の原生ブナ林群とドイツの古代ブナ林群」に変更した。2017年、更に登録範囲を拡大、登録遺産名もヨーロッパの12か国にまたがる「カルパチア山脈とヨーロッパの他の地域の原生ブナ林群」に変更した。

自然遺産 (登録基準(ix))
2007年／2011年／2017年
ウクライナ／スロヴァキア／ドイツ／アルバニア／オーストリア／ベルギー／ブルガリア／クロアチア／イタリア／ルーマニア／スロヴェニア／スペイン

環境圧力 (Environmental pressures)
環境圧力とは、汚染、気候変動、砂漠化など、建造物、植物相、動物相に影響を与える環境劣化の主要な原因をいう。

監視強化メカニズム
(Reinforced Monitoring Mechanism)
監視強化メカニズムとは、2007年4月に開催されたユネスコの第176回理事会で採択された「世界遺産条約の枠組みの中で、世界遺産委員会の決議の適切な履行を確保する為のメカニズムを世界遺産委員会で提案すること」の事務局長への要請を受け、2007年の第31回世界遺産委員会で採択された新しい監視強化メカニズムの下に、定期的なミッションが特別な緊張状態に置かれた世界遺産地に派遣される。監視強化メカニズムの目的は、通常、現場での開発を調べる専門家を派遣し、定期的に、現場の状況を世界遺産委員会に知らせることである。

緩衝地帯 (Buffer zone)
緩衝地帯は、登録推薦物件の効果的な保護を目的として、当該物件を取り囲む地域に、法的または慣習的手法により補完的な利用や開発規制を行うことにより設けられる保護地帯である。登録推薦物件の直接の周辺環境、重要な景観など物件を保護する重要な機能をもつ地域または特性が含まれるべきである。緩衝地帯を構成する範囲は、個々に、適切なメカニズムによって決定されるべきである。登録推薦の際には、緩衝地帯の大きさ、特性及び緩衝地帯で許可される用途についての詳細及び物件と緩衝地帯の正確な境界を示す地図を提出すること、設定された緩衝地帯が、当該物件をどのように保護するのかについての分かりやすい説明もあわせて示すこと、緩衝地帯を設定しない場合は、緩衝地帯を必要としない理由を登録推薦書類に明示しなければならない。通常、緩衝地帯は、登録推薦物件とは別であるが、当該物件が、世界遺産登録された後に、緩衝地帯を変更する場合には、世界遺産委員会の承認を得なければならない。

完全性 (Integrity)
完全性は、すべてが無傷で包含されている度合いを測るためのものさしである。「世界遺産リスト」に登録推薦される物件は全て、完全性の条件を満たすことが求められる。従って、完全性の条件を調べるためには、その条件をどの程度満たしているかを評価する必要がある。

管理資源保護地域
(Managed Resource Protected Area)
管理資源保護地域とは、主として自然生態系の持続可能な利用のために管理される保護地域。管理資源保護地域は、長期にわたる生物多様性の保護や維持を確保するために管理された未開の自然のシステムが主であるが、同時にコミュニティーの必要性にあった生産物やサービスが持続可能な形で供給されている地域でもある。

関連条約等 (Other Conventions)
世界遺産委員会は、ユネスコの関連条約等とより緊密に連携を図ることの重要性を認識する。関連する地球規模の保全体制、条約等の一覧は、次の通り。( )は、採択年、発足年。
<ユネスコ の条約及び計画>

武力紛争の際の文化財の保護のための条約
　（ハーグ条約　1954年）
文化財の不法な輸入、輸出及び所有権移転を
　禁止し及び防止する手段に関する条約
　（ユネスコ条約　1970年）
⇒世界の文化遺産及び自然遺産の保護に関する
　条約（世界遺産条約　1972年）
⇒水中文化遺産の保護に関する条約
　（2001年）
⇒無形文化遺産の保護に関する条約
　（無形文化遺産保護条約　2003年）
⇒人間と生物圏（MAB）計画（1971年）
＜その他の条約＞
⇒特に水鳥の生息地として国際的に重要な湿地
　に関する条約（ラムサール条約　1971年）
⇒絶滅のおそれのある野生動植物の種の国際取
　引に関する条約
　（CITES）（ワシントン条約　1973年）
⇒移動性野生動物種の保全に関する条約
　（CMS）（ボン条約　1979年）
⇒国連海洋法条約（UNCLOS　1982年）
⇒生物の多様性に関する条約
　（CBD　1992年）
⇒盗取されまたは不法に輸出された文化財に
　関するユニドロワ条約　（1995年）
⇒気候変動に関する国際連合枠組条約
　（1992年）

危機にさらされている世界遺産
（World Heritage in Danger）
危機遺産とは、ユネスコの世界遺産リストに登録されている物件のうち、深刻な危機にさらされ緊急の救済措置が必要とされている「危機にさらされている世界遺産」をいう。略称、危機遺産。危機遺産になった理由としては、地震、台風などの自然災害、民族紛争、無秩序な開発行為などの人為災害など多様である。世界遺産委員会は、深刻な危機にさらされ緊急の救済措置が必要とされる物件を危機遺産リストに登録することができる。危機遺産リストにも、自然遺産、文化遺産のそれぞれに登録基準が設定されており、危機因子も、危機が顕在化している確認危険と危機が潜在化している潜在危険に大別される。

危機にさらされている世界遺産リスト
（List of World Heritage in Danger）
ユネスコの「危機にさらされている世界遺産リスト」には、2020年5月現在、34の国と地域にわたって自然遺産が17物件、文化遺産が36物件の合計53物件が登録されている。地域別に見ると、アフリカが16物件、アラブ諸国が21物件、アジア・太平洋地域が6物件、ヨーロッパ・北米が4物件、ラテンアメリカ・カリブが6物件となっている。危機遺産になった理由としては、地震などの自然災害によるもの、民族紛争などの人為災害によるものなど多様である。世界遺産は、今、イスラム国などによる攻撃、破壊、盗難の危機にさらされている。こうした危機から回避していく為には、戦争や紛争のない平和な社会を築いていかなければならない。それに、開発と保全のあり方も多角的な視点から見つめ直していかなければならない。「危機遺産リスト」に登録されても、その後改善措置が講じられ、危機的状況から脱した場合は、「危機遺産リスト」から解除される。一方、一旦解除されても、再び危機にさらされた場合には、再度、「危機遺産リスト」に登録される。一向に改善の見込みがない場合には、「世界遺産リスト」そのものからの登録抹消もありうる。

危機にさらされている世界遺産リストへの登録基準
（Criteria for the inscription of properties on the List of World Heritage in Danger）
危機にさらされている世界遺産リストにも、自然遺産、文化遺産のそれぞれに登録基準が項目別に設定されており、危機が顕在化している確認危険と危機が潜在化している潜在危険に大別される。危機にさらされている世界遺産リストへの登録基準は、以下の通りで、いずれか一つに該当する場合に登録される。
＜自然遺産の場合＞
1）確認危険　　遺産が特定の確認された
　　　差し迫った危険に直面している、例えば、
a. 法的に遺産保護が定められた根拠となった
　　顕著で普遍的な価値をもつ種で、絶滅の危機
　　にさらされている種やその他の種の個体数
　　が、病気などの自然要因、或は、密猟・密漁
　　などの人為的要因などによって著しく低下

世界遺産関連用語　共通

している

b. 人間の定住、遺産の大部分が氾濫するような貯水池の建設、産業開発や、農薬や肥料の使用を含む農業の発展、大規模な公共事業、採掘、汚染、森林伐採、燃料材の採取などによって、遺産の自然美や学術的価値が重大な損壊を被っている

c. 境界や上流地域への人間の侵入により、遺産の完全性が脅かされる

2) 潜在危険　遺産固有の特徴に有害な影響を与えかねない脅威に直面している、例えば、

a. 指定地域の法的な保護状態の変化

b. 遺産内か、或は、遺産に影響が及ぶような場所における再移住計画、或は、開発事業

c. 武力紛争の勃発、或は、その恐れ

d. 保護管理計画が欠如しているか、不適切か、或は、十分に実施されていない

＜文化遺産の場合＞

1) 確認危険　遺産が特定の確認された差し迫った危険に直面している、例えば、

a. 材質の重大な損壊

b. 構造、或は、装飾的な特徴の重大な損壊

c. 建築、或は、都市計画の統一性の重大な損壊

d. 都市、或は、地方の空間、或は、自然環境の重大な損壊

e. 歴史的な真正性の重大な喪失

f. 文化的な意義の大きな喪失

2) 潜在危険

遺産固有の特徴に有害な影響を与えかねない脅威に直面している、例えば、

a. 保護の度合いを弱めるような遺産の法的地位の変化

b. 保護政策の欠如

c. 地域開発計画による脅威的な影響

d. 都市開発計画による脅威的な影響

e. 武力紛争の勃発、或は、その恐れ

f. 地質、気象、その他の環境的な要因による漸進的変化

気候変動枠組み条約
（Framework Convention on Climate Change）

気候変動枠組条約は、地球温暖化等の気候変動がもたらす様々な悪影響を防止する為の取組の原則、措置などを定めており、究極の目的は、人類の活動によって気候システムに危険な影響がもたらされない水準で、大気中の温室効果ガス濃度の安定化を達成することにある。1992年5月に条約採択、1994年3月に発効。事務局は、ドイツのボンにある。1997年12月に、わが国の京都市で、第3回気候変動枠組条約締約国会議（通称　地球温暖化防止京都会議）が開催された。正式条約名は、「気候変動に関する国際連合枠組条約」。

技術援助（Technical assistance）

技術援助とは、世界遺産の保護や保全のための機材購入、修復・補修、専門家の派遣を意味し、エジプトの「歴史都市カイロ」、コロンビアの「カルタヘナ」、ジンバブエの「カミ遺跡」、コートジボアールの「コモエ国立公園」、チリの「ハンバー・ストーンとサンタ・ラウラの硝石工場」などの実績がある。

旧約聖書（Old Testament）

ユダヤ教、キリスト教の教典。ヘブライ人の伝承や預言、神への賛歌などをまとめたもの。

キリスト教（Christianity）

イエスがキリスト（救世主）であるとし、その教えを信じる宗教。ユダヤ教を母体とし、その選民思想や律法主義を克服し、神の絶対愛による魂の救済を説き、世界宗教に発展した。仏教、イスラム教と共に世界三大宗教のひとつ。

キルド（guild, gild）

ヨーロッパの中世都市の商工業者の同業組合。

緊急援助（Emergency Assistance）

緊急援助とは、大地震等の不慮の事態により危機にさらされている遺跡の保護を意味し、メキシコの「プエブラ」、ニジェールの「アイルとテネレの自然保護区」、ヴェトナムの「古都ホイアン」や「フエ」、コンゴ民主共和国の「サロンガ国立公園」ほか、モーリタニアの「ウァダン」、グアテマラの「キリグア遺跡公園」、ロシア連邦とリトアニアの2か国にまたがる「クロニアン・スピット国立公園」、グアテマラの「古都アンティグア・グアテマラ」、メキシコの「シアン・カアン生物圏保護区」などの実績がある。

グローバル・ストラテジー（Global Strategy）
（The Global Strategy for a Balanced, Representative and Credible World Heritage List）

「世界遺産リストにおける不均衡の是正及び代表性・信頼性の確保のためのグローバル・ストラテジー」（グローバル・ストラテジー）は、1994年6月にパリのユネスコ本部において開催された専門家会合における議論をまとめた報告書に基づいて、1994年12月にタイのプーケットで開催された第19回世界遺産委員会プーケット会議において採択された。グローバル・ストラテジーはICOMOSが行ったGlobal Studyの結果、
①ヨーロッパ地域における遺産
②都市関連遺産及び信仰関連遺産
③キリスト教関連資産
④先史時代及び20世紀を除く歴史の遺産
⑤宮殿や城のようなエリートの建築遺産
などの登録が過剰に進んでいるとの認識が示され、このような登録遺産の偏重は文化遺産の多面的かつ広範な視野を狭める傾向を招く一方、生きた文化（living culture）や生きた伝統（living tradition）、民族学的な風景、そして普遍的価値を有し、広く人間の諸活動に関わる事象などは、世界遺産に含まれていないことが確認された。そこで、この地理上の、また物件のテーマ別のアンバランスを是正して、世界遺産リストの代表性及び信頼性を確保していくためには、世界遺産の定義を拡大解釈して、世界遺産を「もの」として類型化するアプローチから、広範囲にわたる文化的表現の複雑でダイナミックな性質に焦点をあてたアプローチへと移行させる必要のあることが指摘され、人間の諸活動や居住の形態、生活様式や技術革新などを総合的に含めた人間と土地の在り方を示す事例や、人間の相互作用、文化の共有、精神的・創造的表現に関する事例なども考慮すべきであることが指摘された。以上のような指摘を踏まえ、比較研究が進んでいる分野として、産業遺産、20世紀の建築、文化的景観の3つの遺産の種別が示された。

景観保護地域
（Protected Landscape/Seascape）
景観保護地域とは、主として景観の保全とレクリエーションのために管理される保護地域。長年の人と自然との相互作用により生みだされた、卓越した審美的、生態的、文化的価値と高い生物多様性をもつ地域をいう。

軽微な変更
軽微な（境界線の）変更とは、遺産の範囲に重大な影響を及ぼさず、その「顕著な普遍的価値」に影響を与えない変更のことをいう。軽微な変更の申請は、新規の登録推薦とはみなされない（数に制限はない）。軽微な変更ではなく、重大な変更とみなされる場合は、新規の登録推薦と同様の手続きをとることが求められ、登録推薦国からの推薦として計上される。

厳正自然保護地域（Strict Nature Reserve）
厳正自然保護地域とは、主として科学研究のために管理される保護地域。顕著な、あるいは典型的な、生態系や地質学・生理学上の特徴・種で、主に科学研究や環境モニタリングのために利用される陸海域である。

原生地域（Wilderness Area）
原生地域とは、主として原生自然の保護のために管理される保護地域。自然の特性や影響が保たれており、人の定住がほとんどなく、自然状態を守っていくために保護管理される、人為が全くあるいはほとんど加わっていない大面積の陸海域。

建造物群（Groups of buildings）
建造物群とは、独立し、または、連続した建造物の群であって、その建築様式、均質性、または、景観内の位置の為に、歴史上、芸術上、または、学術上顕著な普遍的価値を有するものをいう。

顕著な普遍的価値
（Outstanding Universal Value）
「顕著な普遍的価値」とは、国家間の境界を超越し、人類全体にとって現代及び将来世代に共通した重要性をもつような、傑出した文化的な意義や自然的な価値を意味する。従って、その様な世界遺産を恒久的に保護することは国際社会全体にとって最高水準の重要性を有する。世界

世界遺産関連用語　共通

遺産委員会は、「世界遺産リスト」に物件を登録するための登録基準の定義を行う。世界遺産条約締約国は、「顕著な普遍的価値」を有すると考えられる文化遺産や自然遺産について、「世界遺産リスト」への登録推薦書類を提出するよう求められる。「世界遺産リスト」に物件を登録する場合は、世界遺産委員会は「顕著な普遍的価値の宣言」を採択する。「顕著な普遍的価値の宣言」は、当該物件の保護管理を効果的に進めていくにあたっての根拠を示すものとなる。世界遺産条約は、重大な価値を有する物件のすべてを保護することをめざすものではなく、国際的な見地からみて最も顕著な価値を有する物件を選定し、それらを保護するものである。国家的に重要な物件や地域において価値を有する物件が自動的に「世界遺産リスト」に登録されるものではない。世界遺産委員会に提出された登録推薦書類は、当該遺産の保存に対して世界遺産条約締約国がその力の及ぶ範囲で完全にコミットすることを示さなければならない。このことは、物件及びその「顕著な普遍的価値」を保護することを目的とした適切な、政策上、法的、科学的、技術的、行政的、税制的措置の採用または提案により示されなければならない。（世界遺産条約履行の為の作業指針＜オペレーショナル・ガイドラインズ＞の第49〜第53パラグラフ）**略称　OUV**

顕著な普遍的価値の正当性
（Justification of Outstanding Universal Value）
顕著な普遍的価値を有する物件についての正当性については、その物件が真正（真実）であるかどうか、或は、完全性が保たれているかどうかが問題になる。オーセンティシティ（真正性、或は、真実性 Authenticity）とは、本物（真実）であることを意味し、世界遺産への登録にあたっては、文化遺産の評価基準として重視されている。形状・意匠、材料・材質、用途・機能、伝統・技能・管理体制、位置・セッティング、言語その他の無形遺産、精神・感性、その他の内部要素・外部要素が元の状態を保っているかどうか、復元については、推測を全く含まず、完璧、詳細な文書に基づいている場合にのみ例外的に認められている。インテグリティ（完全性 Integrity）は、自然遺産それに文化遺産とそれらの特質のすべてが無傷で包含されている度合いを測るための物差しである。従って、完全性の条件を調べるためには、当該資産が、
a) 顕著な普遍的価値が発揮されるのに必要な要素が全て含まれているか
b) 当該資産の重要性を示す特徴を不足なく代表するために適切な大きさが確保されているか
c) 開発や管理放棄による負の影響を受けているかという条件を、どの程度満たしているかを評価する必要がある。

コアゾーン（Core Zone）
コアゾーンとは、世界遺産の登録範囲のうち厳格に保護される核心地域をいう。

効果的な保護のための境界線の設定
（Boundaries for effective protection）
効果的な保護のための境界線の設定は、登録推薦物件を効果的に保護するための不可欠な要件である。境界線の設定は、物件の「顕著な普遍的価値」及び完全性及び／または真正性が十分に表現されることが担保されなければならない。登録基準（ i ）から（ vi ）に基づいて登録推薦される物件、すなわち文化遺産関係の物件の場合には、物件の「顕著な普遍的価値」を直接的かつ具体的に表現しているすべての領域、属性を包含するとともに、将来の調査次第でそれらの理解を深めることに寄与する潜在的な可能性を有する地域もあわせて包含するように境界を設定しなければならない。登録基準（ vii ）から（ x ）に基づいて登録推薦される物件、すなわち自然遺産関係の物件の場合には、世界遺産登録の根拠となる生息域、種、生物学的、或は、地質学的な過程または現象を成立させる空間的要件を反映した境界を設定しなければならない。登録推薦範囲外の人間活動や資源利用の直接的な影響から物件の遺産価値を守るために、「顕著な普遍的価値」を有する範囲に直接的に隣接する地域について十分な範囲を含むようにしなければならない。登録推薦物件の境界は、自然公園、自然保護区、生物圏保護区、歴史地区など、既存または計画中の保護区と重なる場合がある。これら既存の保護区内に

は管理水準の異なる複数のゾーンが設定されている場合があるが、必ずしも全てのゾーンが登録のための要件を満たすとは限らない。

考古学的遺産 （Archaeological Heritage）
考古学的遺産は、考古学的な手法によって、主要な情報がもたらされる有形遺産の一部を為している。これは、人類の生活の全ての痕跡を含んでおり、人間活動の表れ、廃棄された建築物やあらゆる種類の遺跡、そして、それらと関連するすべてのものからなる。

構成資産 （Components）
世界遺産を構成する資産。

構成要素 （Elements）
世界遺産を構成する自然などの要素。

国際希少野生動植物種
（International rare species of wild fauna and flora）
国際的に協力して保護を図るべき絶滅のおそれのある種として、原則としてワシントン条約の附属書Ⅰ掲載種及び二国間の渡り鳥等保護条約に基づきアメリカ、ロシア、オーストラリアから絶滅のおそれのある種として通報のあった種を指定することとしている。これらは、大部分が国外に生息する種であること、対応する条約の趣旨がいずれも国際取引の規制であることから、規制内容は個体などの譲渡などと輸出入に限定されている。

国際連合 （United Nations）
第二次世界大戦を防げなかった国際連盟の反省を踏まえ、国連（国際連合）は1945年10月に51か国の加盟国で設立され、わが国は1956年12月18日、80番目の加盟国となった。近年では2011年に南スーダンが加盟し、現在の加盟国数は193ヵ国。国連では英語、フランス語、中国語、ロシア語、スペイン語、アラビア語の6か国語が公用語として話されている。
略称　国連（UN）

国立公園 （National Park）
国立公園とは、主として生態系保護とレクリエーションのために管理される保護地域。

(a) 現在や将来世代のために1つ以上の生態学的な完全性を保護し、

(b) 地域指定の目的に反する開発や占有を許さず、

(c) 環境的・文化的に両立できる、精神的・科学的・教育的・レクリエーション的なより所や利用者への機会を提供する為に指定された自然の陸海域である。

国連専門機関
（United Nations Specialized Agencies）
国連専門機関とは専門的活動を行う国際機関のうち国連との間に機能の調整や情報交換などに関する協定を結んでいるものをいう。環境問題に関係する国連専門機関としては世界銀行や国際海事機関（IMO）のほか世界気象機関（WMO）、世界保健機構（WHO）、国際連合食糧農業機関（FAO）、国連教育科学文化機関（UNESCO）、国際原子力機関（IAEA）などがある。

国連人間環境会議
（United Nations Conference on the Human Environment）
国連人間環境会議は、国連の主催で1972年6月にストックホルムで開催され、「人間環境を保護し改善させることは全ての政府の義務である」とする人間環境宣言を採択したほか、国際環境協力に関する行動計画を決めた。

五賢帝 （Five Good Emperors）
古代ローマ帝国のネルヴァ（在位96〜98年）、トラヤヌス（在位98〜117年）、ハドリアヌス（在位117〜138年）、アントニヌス・ピウス（在位138〜161年）、マルクス・アウレリウス・アントニヌス（在位161〜180年）の5皇帝をさす。

コーラン （Koran, Qur'an）
イスラム教の聖典。ムハンマドの受けた啓示を114章にまとめたもので、アラビア語で書かれている。正しくは、クルアーンという。

コロッセウム（Colosseum）

ローマの競技場。円形闘技場。コロッセオともいう。

最後の晩餐（The Last Supper）

レオナルド・ダ・ヴィンチ（1452〜1519年）がイタリアのミラノにあるサンタマリア・デレ・グラツィエ教会に描いた壁画。420×910cmの巨大なもので、イエス・キリスト受難前の弟子達との夕食の情景が描かれている。サンタ・マリア・デレ・グラツィエ教会とドメニコ派修道院は、1980年に世界遺産に登録されている。

サブサハラ・アフリカ（Sub-Saharan Africa）

サブサハラ・アフリカとは、アフリカ大陸のうちサハラ砂漠以南の地域。アフリカ大陸の53か国中、47か国が属する。近年順調に経済発展を遂げる国がある一方、依然として貧困、低開発、紛争等の問題に悩む国も多い。

サマルカンド－文明の十字路
（Samarkand- Crossroads of Cultures）

サマルカンドは、ウズベキスタンの中東部、首都タシケントの南西およそ270kmにある。サマルカンドは、人々が遭遇する町の意味で、中央アジア最古の都市で、最も美しい町といわれる。紀元前4世紀にはアレクサンドロス大王（在位紀元前336〜323年）が訪れ、町の美しさに驚嘆したといわれる程で、古くから「青の都」、「オリエントの真珠」、「光輝く土地」と賞賛された。14世紀、モンゴル大帝国の崩壊と共にティムール朝（1370〜1507年）が形成された。ティムール（在位1370〜1405年）は、サマルカンドを自らの帝国にふさわしい世界一の美都にしようとし、天文学者、建築学者、芸術家を集めて、壮大なレギスタン・モスクと広場、ビビ・ハニム・モスク、シャーヒ・ジンダ廟、グル・エミル廟、ウルグ・ベクの天文台などを建設、シルクロードなど東西文明の十字路として繁栄させるなど一大文化圏を築いた。2008年の第32回世界遺産委員会ケベック・シティ会議で、サマルカンドの新道路や新ビル建設の監視強化が要請された。

文化遺産（登録基準(i) (ii) (iv)）
2001年登録

産業遺産（Industrial Heritage）

産業遺産とは、産業界において活躍した遺物や遺産。鉄道、運河、ダム、橋梁などの土木遺産なども産業遺産ということができる。鉱山の遺跡、製鉄所の工場跡地、プランテーションなどの農園跡地など遺棄された産業遺産をヘリテージ・パークとして保存し、観光や教育を目的とした施設などに活用する動きが世界の各地で広がっている。世界遺産リストに登録されている産業遺産は、イギリスの「アイアン・ブリッジ峡谷」（文化遺産 1986年登録）、「ブレナヴォンの産業景観」（文化遺産 2000年登録）、「ダウエント渓谷の工場」（文化遺産 2001年登録）、ドイツの「フェルクリンゲン製鉄所」（文化遺産 1994年登録）、「エッセンの関税同盟炭鉱の産業遺産」（文化遺産 2001年登録）、フィンランドの「ヴェルラ製材製紙工場」（文化遺産 1996年登録）、オーストリアの「センメリング鉄道」（文化遺産 1998年登録）、ベルギーの「ルヴィエールとルルーにあるサントル運河の4つの閘門と周辺環境」（文化遺産 1998年登録）、オランダの「D.F. ウォーダ蒸気揚水ポンプ場」（文化遺産 1998年登録）、インドの「インドの山岳鉄道群」（文化遺産 1999年登録）、スウェーデンの「ファールンの大銅山の採鉱地域」（文化遺産 2001年登録）、チリの「ハンバーストーンとサンタ・ラウラの硝石工場」（文化遺産 2005年登録）、「セウェルの鉱山都市」（文化遺産 2006年登録）、スペインの「ヴィスカヤ橋」（文化遺産 2006年登録）、日本の「石見銀山遺跡とその文化的景観」（文化遺産 2007年登録）、ボスニア・ヘルツェゴビナの「ヴィシェグラードのメフメット・パシャ・ソコロヴィッチ橋」（文化遺産 2007年登録）、カナダの「リドー運河」（文化遺産 2007年登録）、イタリアとスイスの2か国にまたがる「レーティッシュ鉄道アルブラ線とベルニナ線の景観群」（文化遺産 2008年登録）などである。

産業革命（Industrial Revolution）

産業革命とは、1760年代から1830年代にかけてイギリスで起こった工場制機械工業の導入による産業の変革とそれに伴う社会構造の変革のこ

世界遺産関連用語 共通

とである。「産業革命」の命名者は、フランスの経済学者であるブランキである。その後、イギリスの経済史学者アーノルド・トインビーがその著作「イギリス産業革命史」の中で使用し学術用語として定着した。イギリスを皮切りに、その後、ベルギー、フランス、アメリカ、ドイツ、日本においても産業革命が起こった。

暫定リスト（Tentative List）

暫定リストとは、各世界遺産条約締約国が「世界遺産リスト」へ登録することがふさわしいと考える自国の領域内に存在する物件の目録である。従って、世界遺産条約締約国は各自の暫定リストに、「顕著な普遍的価値」を有する文化遺産または自然遺産であると考えており、将来登録推薦を行う意思のある物件の名称を示す必要がある。

暫定リスト提出に際しての書式
（Model for Presenting a Tentative List）

暫定リスト提出に際しての書式は、物件名、物件所在地、物件の説明、顕著な普遍的価値の正当性（当該登録基準、真正性、或は、完全性の証、他の類似物件との比較）などの項目からなっている。

三位一体（Trinity）

キリスト教において、「父なる神」、「子であるイエス」、それに「聖霊」の三つの位格は、実体は一つであるという教え。

ジオパーク（Geopark）

ジオパークとは、地質・地形学的に価値があると認められた地域を認定するユネスコの地球科学部門のプログラムで、「自然と人間のかかわり」をテーマとした地球上の地質、地形の公園である。1997年に、ユネスコ・ジオパーク・プログラムとして提唱し、2004年2月パリのユネスコ本部で、「ユネスコの支援を受けるための国立ジオパーク運営指針」を定め、世界ジオパーク・ネットワークが設立された。この中で、ジオパークは、①地質学的重要性だけではなく、考古学的、生態学的、或は、文化的な価値がある地域である。②持続可能な社会・経済発展を促進するための、例えば、ジオツーリズム

などの計画を有する。③地質遺産を保存・改善する方法を示し、地質科学や環境問題の教育に資する。④公共団体・地域社会ならびに民間による共同行動計画を持つ。⑤世界遺産の保存に関するモデル・ケースを示し、持続可能な開発戦略へ融合していく国際ネットワークの一翼を担うと定義している。ユネスコは、2020年5月現在、中国の廬山、黄山など41か国の147か所を世界ジオパークに登録している。

自然遺産（Natural Heritage）

自然遺産とは、無生物、生物の生成物、または、生成物群からなる特徴のある自然の地域で、鑑賞上、または、学術上、「顕著な普遍的価値」（Outstanding Universal Value）を有するもの、そして、地質学的、または、地形学的な形成物および脅威にさらされている動物、または、植物の種の生息地、または、自生地として区域が明確に定められている地域で、学術上、保存上、または、景観上、「顕著な普遍的価値」を有するものと定義することが出来る。地球上の顕著な普遍的価値をもつ自然景観、地形・地質、生態系、生物多様性などを有する自然遺産の数は、2020年5月現在、213物件。大地溝帯のケニアの湖水システム（ケニア）、セレンゲティ国立公園（タンザニア）、キリマンジャロ国立公園（タンザニア）、モシ・オア・トゥーニャ〈ヴィクトリア瀑布〉（ザンビア／ジンバブエ）、サガルマータ国立公園（ネパール）、スマトラの熱帯雨林遺産（インドネシア）、屋久島（日本）、白神山地（日本）、知床（日本）、小笠原諸島（日本）、グレート・バリア・リーフ（オーストラリア）、スイス・アルプス　ユングフラウ・アレッチ（スイス）、イルリサート・アイスフィヨルド（デンマーク）、バイカル湖（ロシア連邦）、カナディアン・ロッキー山脈公園（カナダ）、グランド・キャニオン国立公園（アメリカ合衆国）、エバーグレーズ国立公園（アメリカ合衆国）、レヴィジャヘド諸島（メキシコ）、ガラパゴス諸島（エクアドル）、イグアス国立公園（ブラジル／アルゼンチン）などがその代表的な物件。

自然遺産の登録基準（Natural Criteria）

自然遺産関係の登録基準は、（i）～（x）の登録基準のうち、（vii）～（x）にあたる。

（vii）もっともすばらしい自然的現象、
または、ひときわすぐれた自然美を
もつ地域、及び、美的な重要性を
含むもの。

（viii）地球の歴史上の主要な段階を示す
顕著な見本であるもの。これには、
生物の記録、地形の発達における重要な
地学的進行過程、或は、重要な地形的、
または、自然地理的特性などが含まれる。

（ix）陸上、淡水、沿岸、及び、海洋生態系と
動植物群集の進化と発達において、
進行しつつある重要な生態学的、
物学的プロセスを示す顕著な見本である
もの。

（x）生物多様性の本来的保全にとって、もっ
とも重要かつ意義深い自然生息地を含んでいる
もの。これには、科学上、または、保全上の観
点から、普遍的価値をもつ絶滅の恐れのある種
が存在するものを含む。

自然景観（Natural Landscape）
自然景観とは、地形、地質、植生および野生生
物といった環境要素が統合され、人間の目に映
ずるものであり、自然環境保全上、重要な要素
である。

事前調査費用（Preparatory Assistance）
事前調査費用とは、推薦すべき世界遺産の事前
の調査に要する費用に対する援助のことで、実
績としては、ガンビア、ギニア、ケニア、朝鮮
民主主義人民共和国、パプア・ニューギニア各
30,000USドルなどがある。

シモン・ボリバル（Simon Bolivar）
1783～1830年。ラテンアメリカ植民地の独立運
動の指導者。アンデス諸国の植民地からの解放
を推進した第一人者。「解放の父」と呼ばれ
る。ヴェネズエラの独立運動を指導し、1819年
に大コロンビア共和国、1822年にエクアドル、
1825年にはボリビア共和国を樹立。1826年に
スペイン系の新共和国間の連帯を目指すパナマ
会議を開いたが、その後各国間の対立に悩まさ
れ、またヴェネズエラの分離独立もあって、
1830年5月に引退した。パナマの「パナマ・ヴ
ィエホの考古学遺跡とパナマの歴史地区」

（1997年登録）には、シモン・ボリバルゆかり
の広場がある。

写真資料（Photographs）
写真資料とは、空撮写真、推薦物件の全景写真
（内部と外部からのもの）、遺産物件の内部か
ら撮影した周辺の都市景観、35mm版カラー・ス
ライド・フィルム、可能であれば、音声・映像
資料などである。

種（Species）
種とは、生物を分類する場合に基本となる単位
のこと。現在、用いられている種は、形の特徴
とともに他の集団と繁殖するか否かや生息地域
の分布の違いなども考慮して決められている。
種を基準として、種の上には、界、門、綱、
目、科、属などの大分類があり、種の下には、
更に、亜種などの細分類がある。

19世紀の都市・建築
（Urban and Architecture of 19centry）
19世紀の都市・建築で、世界遺産リストに登録
されているものとしては、ハイチの「シタデ
ル、サン・スーシー、ラミエール国立歴史公
園」（文化遺産　1982年登録）、スペインの
「アントニ・ガウディの作品群」（文化遺産
1984年登録）、アメリカ合衆国の「自由の女神
像」（文化遺産　1984年登録）、キューバの
「トリニダードとインヘニオス渓谷」（文化遺
産　1988年登録）、ウズベキスタンの「イチャ
ン・カラ」（文化遺産　1990年登録）、ドイツ
の「ポツダムとベルリンの公園と宮殿」（文化
遺産　1990, 1992, 1999年登録）、ベトナムの
「フエの建築物群」（文化遺産　1993年登
録）、ラオスの「ルアン・プラバンの町」（文
化遺産　1995年登録）、イタリアの「クレス
ピ・ダッダ」（文化遺産　1995年登録）、オラ
ンダの「アムステルダムの防塞」（文化遺産
1996年登録）、メキシコの「オスピシオ・カバ
ニャス」（文化遺産　1997年登録）、中国の
「北京の頤和園」（文化遺産　1998年登録）、
ドイツの「ムゼウムスインゼル（博物館島）」
（文化遺産　1999年登録）、インドの「チャト
ラパティ・シヴァジ・ターミナス駅（旧ヴィク
トリア・ターミナス駅）」（文化遺産　2004年

登録）などがある。

十字軍（Crusades）
11世紀末から13世紀にかけて西ヨーロッパのキリスト教国民が、聖地エルサレムをセルジューク・トルコから奪回するために行った遠征軍のこと。広義には、中世ヨーロッパにおけるキリスト教異端者に対する戦いを指す。

シュトルーヴェの測地弧
（Struve Geodetic Arc）
シュトルーヴェの測地弧は、ベラルーシ、エストニア、フィンランド、ラトヴィア、リトアニア、ノルウェー、モルドヴァ、ロシア連邦、スウェーデン、ウクライナの10か国にまたがる。現存するエストニアのタルトゥー天文台、フィンランドのアラトルニオ教会など34か所（ベラルーシ5か所、エストニア3か所、フィンランド 6か所、ラトヴィア2か所、リトアニア3か所、ノルウェー 4か所、モルドヴァ1か所、ロシア連邦 2か所、スウェーデン4か所、ウクライナ4か所）の観測点群。シュトルーヴェの測地弧は、ドイツ系ロシア人の天文学者のヴィルヘルム・シュトルーヴェ（1793～1864年 ドルパト大学天文学教授兼同天文台長）を中心に、1816年～1855年の約40年の歳月をかけて、ノルウェーのノース・ケープの近くのハンメルフェストから黒海のイズマイルまでの10か国、2820kmにわたって観測点を設定、地球の形や大きさを調査するのに使用された。シュトルーヴェは、北部で、ロシアの軍人カール・テナーは、南部で観測、この2つの異なった測定ユニットを連結し、最初の多国間の子午線弧となった。この測地観測の手法は、シュトルーヴェの息子のオットー・ヴィルヘルム・シュトルーヴェ（1819～1905年 プルコヴォ天文台長）等にも引き継がれ、世界の本初子午線の制定などへの偉大なステップとなった。シュトルーヴェの測地弧は、人類の科学・技術史上、顕著な普遍的価値を有するモニュメントである。
文化遺産（登録基準(ii) (iv) (vi)）
2005年登録

ジュネーブ条約（Geneva Conventionn）
ジュネーブ条約は、1949年8月にジュネーブで採択された。戦争発生の際に、可能な限り人道を維持し、武力による惨害を緩和することを目的とした戦時国際法。正式条約名は、「戦時における文民の保護に関する条約」。

情報照会
（recommended for referral）
諮問機関であるICOMOSおよびIUCNは、世界遺産条約締約国によって登録推薦された物件が「顕著な普遍的価値」を持つか、完全性及び／または真正性の条件を満たしているか、また、必要な保護管理上の要件を満たしているかどうか審査を行い、a)無条件で登録を勧める物件、b)登録を勧めない物件、c)情報照会・登録延期の勧告、の3つの勧告を行う。世界遺産委員会が追加情報を求めて世界遺産条約締約国に情報照会をする決議をした場合は、次回の会合に再提出を行い審査を受けることができる。追加情報の提出は、審議を求める年の2月1日までにユネスコ世界遺産センターに対して行わなければならない。ユネスコ世界遺産センターは直ちに提出された追加情報を関係する諮問機関に送付し審査を受けなければならない。最初の世界遺産委員会決議から3年以内に再提出が行われない場合は、新たな登録推薦とみなされる。

条約の批准（Ratification of Convention）
条約の批准とは、いったん署名された条約を、署名した国がもち帰って再検討し、その条約に拘束されることについて、最終的、かつ、正式に同意すること。批准された条約は、批准書を寄託者に送付することによって正式に効力をもつ。多数国条約の寄託者は、それぞれの条約で決められるが、世界遺産条約は、国連教育科学文化機関（ユネスコ）事務局長を寄託者としている。「批准」、「受諾」、「加入」のどの手続きをとる場合でも、「条約に拘束されることについての国の同意」としての効果は同じだが、手続きの複雑さが異なる。この条約の場合、「批准」、「受諾」は、ユネスコ加盟国がこの条約に拘束されることに同意する場合、「加入」は、ユネスコ非加盟国が同意する場合にそれぞれ用いる手続き。「批准」と他の2つの最大の違いは、わが国の場合、天皇による認証という手順を踏むこと。「受諾」、「承認」、

世界遺産関連用語 共通

「加入」の3つは、手続的には大きな違いはなく、基本的には寄託する文書の書式、タイトルが違うだけである。

シリアル・ノミネーション
（Serial nomination）

シリアル・ノミネーションとは、連続性のある物件の登録推薦のことである。連続性のある物件とは、

①同一の歴史文化群

②地理区分を特徴づける同種の物件

③同じ地質学的、地形学的な形成物、または、同じ生物地理区分、或は、同種の生態系に属する関連した構成要素が、個々の部分ではそうでなくとも、全体として、「顕著な普遍的価値」を有するものである。連続性のある物件は、①ひとつの世界遺産条約締約国の領域内に全体が位置する場合　②異なる世界遺産条約締約国の領域にまたがる場合の二つがある。連続性のある物件の登録推薦は、一つの世界遺産条約締約国によるものであれ、複数の世界遺産条約締約国による登録推薦であれ、最初に登録推薦される物件が、それ自体で、「顕著な普遍的価値」を有していれば、複数年にわたる登録審査を前提にして、登録推薦書類の提出を行うことができる。複数年の登録推薦サイクルにわたる連続性のある物件の登録推薦を計画している世界遺産条約締約国は、世界遺産委員会の活動計画上の便宜を図るため、その意思を世界遺産委員会に通知することが望まれる。

シルクロード（絹の道）（SilkRoad）

シルクロードは、中国の古都・長安（現在の陝西省西安市）を起点として南アジア・中央アジアを経て欧州へと通じるユーラシア大陸の東西文明を結ぶ全長7000キロ以上を誇る古代の交易路で、陸上においては、世界最長の貿易ルートであるとともに、世界最大の文化交流の道、科学技術交流の道といわれている。シルクロードの世界遺産登録申請は、中国、シルクロードが通過するアジア・ヨーロッパのカザフスタン、キルギス、タジキスタン、ウズベキスタン、イタリアなど沿線各国との連合によって登録準備が進められており、2010年の世界遺産登録を目指している。中国については、新疆ウイグル自治

区など7つの省、自治区にまたがる陸路の48遺跡が構成資産で、距離的には、4000キロ以上に至る。シルクロードの世界遺産登録にあたっては、陸のシルクロードの世界遺産登録を実現させて、その後、寧波、泉州、広州など海のシルクロードの世界遺産登録も視野に入れている。

新規登録案件の上限数

世界遺産条約履行の為の作業指針（通称：オペレーショナル・ガイドラインズ）では、新登録に関わる登録推薦件数は、2006年の第30回世界遺産委員会ヴィリニュス会議での決議に基づき、実験的措置及び移行措置として、各締約国からの登録推薦件数の上限は、2件まで（但し、2件を提出する場合、うち1件は自然遺産とする）、全体の審査対象件数の上限は45件とするメカニズムが適用されてきた。その後、2007年の第31回世界遺産委員会クライストチャーチ会議では、各締約国からの登録推薦件数は、2件（但し、2件を提出する場合、うち1件は自然遺産でなくても良い）ということになった。2011年の第35回世界遺産委員会パリ会議では、これまでの実験的措置及び移行措置の結果を踏まえて、オペレーショナル・ガイドラインズを改定、各締約国からの登録推薦件数は、2件まで（但し、2件を提出する場合、うち1件は自然遺産、或は、文化的景観とする）の審査とするメカニズムに変更になり、2015年の第39回世界遺産委員会で、この決議の効果を再吟味することになった。第40回世界遺産委員会パリ臨時会議で、毎年1度の審査で扱う新規登録案件の上限を現在の45件から35件に削減することを決めた。各締約国からの登録推薦件数は1国1件、各国からの推薦数が35件の上限を超えた場合は、①遺産の数が少ない国の案件や複数の国にまたがるものを優先する。②文化遺産より登録数が少ない自然、複合遺産の審査を先行させる。この決定は、2020年の第44回世界遺産委員会福州会議の審査対象物件の審査（2019年2月1日までの登録申請分）から適用される。審査件数の削減は、実務を担うユネスコの事務局の人手不足や財政難などが理由。ユネスコは、当初、2018年の第42回世界遺産委員会マナーマ（バーレン）会議の審査対象物件から25件に減らす案を示していたが、登録待ちの候補が多い

アジア、アフリカ諸国を中心に反対論が根強く、合意を得られなかった。

真正性（Authenticity）

真正性とは、オーセンティシティの和訳である。本物、或は、真実であることを意味する。登録基準（i）から（vi）に基づいて推薦される物件は真正性の条件を満たすことが求められる。オーセンティシティに関する奈良ドキュメントには、物件の真正性を検証するための実践的な原則が示されている。以下にその要約を示す。遺産が備えている価値を理解できる程度は、この価値に関する情報源がどの程度の信用性、真実性を有すると考えられるかに依存する。文化遺産の本来の特質と後年の変化に関連してその情報源を知り理解することは、真正性に係るあらゆる側面を評価する上での要件である。文化遺産が備えている価値についての判断は、関連する情報源の信用性と同様に、文化ごとに異なる場合があるほか、単一の文化内においてさえ異なることが考えられる。全ての文化は等しく尊重されるべきであることから、文化遺産の検討、判断は、第一義的には自身の文化的文脈において行われなければならない。文化遺産の種類、その文化的文脈によって一様ではないが、物件の文化的価値が、下に示すような多様な属性における表現において真実かつ信用性を有する場合に、真正性の条件を満たしていると考えられ得る。

⇒形状、意匠
⇒材料、材質
⇒用途、機能
⇒伝統、技能、管理体制
⇒位置、セッティング
⇒言語その他の無形遺産
⇒精神、感性
⇒その他の内部要素、外部要素

精神や感性といった属性を、実際に真正性の条件として適用するのは容易ではないが、それでもなお、それらは、例えば伝統や文化的連続性を維持しているコミュニティにおいては、その土地の特徴や土地感を示す重要な指標である。これらの情報源をすべて利用すれば、文化遺産の芸術的側面、歴史的側面、社会的側面、科学的側面について詳細に検討することが可能とな

る。「情報源」は、文化遺産の本質、特異性、意味及び歴史を知ることを可能にする物理的存在、文書、口述、表象的存在のすべてと定義される。物件の登録推薦書類を作成するなかで真正性の条件を考慮する場合は、世界遺産条約締約国は、まず最初に、該当する重要な真正性の属性をすべて特定する必要がある。真正性の宣言において、これらの重要な属性のひとつひとつにどの程度の真正性があるかまたは表現されているかを評価すること。真正性に関し、考古学的遺跡や歴史的建造物・歴史地区を再建することが正当化されるのは、例外的な場合に限られる。再建は、完全かつ詳細な資料に基づいて行われた場合のみ許容され得るものであり、憶測の余地があってはならない。

新・世界の七不思議と世界遺産
（New Seven Wonders and World Heritage）

新・世界の七不思議は、世界中からの投票によって決められた現代版世界の七不思議である。2000年に冒険家のベルナルド・ウェーバー氏の個人的なイニシャティブによって提案され、前ユネスコ事務局長のフェデリコ・マヨールを中心とした実行委員会が候補地を絞り込み、最終結果は、2007年7月7日にポルトガルのリスボンで発表された。2007年6月20日と7月9日の二度にわたって、ユネスコは、新・世界の七不思議のキャンペーンは、ユネスコの世界遺産プログラムとは何ら関係ないと次の様な声明を発表した。『ユネスコの目的と任務は、世界遺産を保護、保存において、当該国を援助することである。新・世界の七不思議の様に、センチメンタル、或は、象徴的なサイトの価値を認めそれらを新リストに登録するだけでは十分とは言えない。科学的な登録基準を定義しなければならないし、候補物件の資質を評価し、法的かつ管理上の枠組みを整備しなければならない。また、関係当局は、これらの枠組みを証明し、当該物件の保護状況を恒久的に監視しなければならない。仕事は、技術的な保護と政治的な説得が一つである。また、世界遺産地を継承的な価値、直面する脅威から失われるのを防ぐなどの教育的な役割も明らかである。ウエーバー氏のマスメディア・キャンペーンとユネスコの世界遺産リストへの登録による科学的・教育的な業務と

は比較にはならない。新・世界の七不思議のリストは、インターネットにアクセスできる人達だけの意見であり、全世界なものではなく、内輪の事業の結果になる。この事業は、この公示によって選ばれた当該物件の保護に貢献するものではない。世界中の人気投票で選ぶ、新・世界の七不思議については、幾たびも支援要請を受けたが、ウェーバー氏には、進んで協力しないことを決めた。』という内容である。2006年10月に発表された21の候補地は、◎アクロポリス（ギリシア）、◎アルハンブラ宮殿（スペイン）、◎アンコール・ワット（カンボジア）、◎チチェン・イッツァのピラミッド（メキシコ）、◎イエス・キリスト像（ブラジル）、◎コロッセオ（イタリア）、◎イースター島のモアイ（チリ）、◎エッフェル塔（フランス）、◎万里の長城（中国）、◎聖ソフィア大聖堂（トルコ）、◎清水寺（日本）、◎クレムリンと赤の広場（ロシア）、◎マチュ・ピチュ（ペルー）、ノイシュヴァンシュタイン城（ドイツ）、◎ペトラ（ヨルダン）、◎ギザのピラミッド（エジプト）、◎自由の女神像（アメリカ）、◎ストーンヘンジ（イギリス）、◎シドニー・オペラハウス（オーストラリア）、◎タージ・マハル（インド）、◎トンブクトゥ（マリ））、最終的に選ばれた「新・世界の七不思議」は、◎チチェン・イッツァのピラミッド（メキシコ）、イエス・キリスト像（ブラジル）、◎万里の長城（中国）、◎マチュ・ピチュ（ペルー）、◎ペトラ（ヨルダン）、◎コロッセオ（イタリア）、◎タージ・マハル（インド）である。21の候補地も最終的に選ばれた7つも、たまたま、ユネスコの「世界遺産リスト」に登録されている物件（◎で表示）が多い。

新約聖書 （New Testament）

キリスト教の教典。「新約」は「旧約」に対して新しい約束の意。イエス以降1〜2世紀にギリシャ語（コイネー）で書かれ、四福音書、使徒行伝、書簡、黙示録など27書からなる。

人類 （Human beings）

人類は、恐竜が死に絶えた後約6300万年を経たころに出現した。人類はその知恵を使ってより快適で便利な生活を目指し、さまざまな技術や社会の仕組みを作り、繁栄してきた。そして、今から約200年前の産業革命以後、人類は大量生産、大量消費の生活の道を現在にいたるまで進み続けてきた。そして今、地球の温暖化、砂漠化等、地球の存続を脅かすさまざまな環境問題が深刻化している。地球46 億年の歴史と未来とを、真剣に考えるべき時代が来ている。

人類遺跡 （Hominid sites）

人類の起源は、何時、何処で、どのようにして誕生したのか興味が尽きない。これらの疑問への解答は、多くの国で収集された異なった場所の標本の証拠が求められる。人類の化石の記録は、過去50年間でも膨大で、特にアフリカの地溝帯での発見は豊富である。世界遺産リストには、周口店の北京原人遺跡（中国）、アワッシュ川下流域（エチオピア）、サンギラン初期人類遺跡（インドネシア）、ツルカナ湖の国立公園群（ケニア）、スタークフォンテン、スワークランズ、クロムドラーイと周辺の人類化石遺跡（南アフリカ）などの人類遺跡が登録されている。ICOMOSの研究によると、これからも世界遺産リストに登録されそうな人類遺跡が幾つもある。

人類の口承及び無形遺産の傑作

（Masterpieces of the Oral and Intangible Heritage of Humanity）

人類の口承及び無形遺産の傑作とは、類いない価値を有する世界各地の口承伝統や無形遺産を讃えるとともに、政府、NGO、地方公共団体に対して口承及び無形遺産の継承と発展を図ることを奨励し、独自の文化的特性を保持することを目的とするユネスコの「人類の口承及び無形遺産に関する傑作の宣言」（「傑作宣言」）事業で選定された人類の口承及び無形遺産の傑作である。傑作宣言事業は、1997年の第29回ユネスコ総会において、「人類の口承遺産の傑作」の宣言という国際的栄誉を設けるための決定が採択されたことを受けて、1998年の第155回ユネスコ執行委員会において「人類の口承及び無形遺産に関する傑作の宣言」規約を採択した。2001年から、ユネスコが定める基準を満たすものを隔年で「人類の口承及び無形遺産に関する傑作」として宣言し、傑作宣言リストをこれまでに3回公

表、これまでに、合計90件の人類の口承及び無形遺産の傑作として宣言されている。第1回は、日本からは、「能楽」を候補として「人形浄瑠璃文楽」及び「歌舞伎」を暫定リストとしてユネスコに提出し、2001年5月18日、ユネスコ本部において日本の「能楽」を含む19件が傑作に宣言された。第2回の候補案件の推薦については、候補として「人形浄瑠璃文楽」を、暫定リストとして「歌舞伎」を提出し、2003年11月7日に「人形浄瑠璃文楽」を含む28件が傑作に宣言された。第3回については、「歌舞伎」を推薦し、2005年11月25日に「歌舞伎」を含む43件が傑作に宣言された。選考手順は、ユネスコ加盟各国から提出された候補案件を、NGO及び専門家による予備検討を踏まえ、18名の委員からなるユネスコ国際選考委員会が選考し、ユネスコ事務局長へ推薦し最終的に決定された。 (1)たぐいない価値を有する無形文化遺産が集約されていること (2)歴史、芸術、民族学、社会学、人類学、言語学又は文学の観点から、たぐいない価値を有する民衆の伝統的な文化の表現形式であることのいずれかの条件を満たすと共に、(a)人類の創造的才能の傑作としての卓越した価値 (b)共同体の伝統的・歴史的ツール (c)民族・共同体を体現する役割 (d)技巧の卓越性 (e)生活文化の伝統の独特の証明としての価値 (f)消滅の危険性の選考基準を考慮する必要がある。2003年10月、第32回ユネスコ総会において無形文化遺産保護条約が採択され、2006年4月に発効した。傑作宣言事業の今後は、これまでに傑作に宣言された案件については、無形文化遺産保護条約第16条に規定される「代表リスト」に記載されることとなっている(第31条1)。無形文化遺産保護条約発効後は、傑作宣言は行われない(第31条3)ことが併せて定められているため、無形文化遺産保護条約の「代表リスト」に統合される形となった。

水中文化遺産
（Underwater Cultural Heritage）
水中文化遺産とは、現在、水中の環境にあるか、もしくは、これまでにそこから発掘された考古学遺産。具体的には、黒海海底の新石器時代の遺跡、エジプト・アレキサンドリアの水没した都市遺跡、水中洞窟の壁画、難破(沈没)

船などがあげられる。2001年11月に開催された第31回ユネスコ総会で水中文化遺産保護条約が採択された。

水中文化遺産の保護と管理に関する憲章
（Charter on the Protection and Management of Underwater Cultural Heritage）
水中文化遺産の保護と管理に関する憲章は、1996年10月にブルガリアのソフィアで開催された第11回ICOMOS総会において批准された。本憲章は、内陸および近海水域、浅海、そして、深海における水中文化遺産の保護と管理を奨励することを意図したものである。

スーク （Souk）
スークとは、アラビア語で、「市場」の意味。小さな店が軒を連ねるアラブの伝統的な市場。

生息地 （Habitat）
生息地とは、特定の種を取り巻く生物的環境と物理的環境をいう。

生息地・種管理地域
（Habitat・Species Management Area）
生息地・種管理地域とは、主として特定の種の保全や生息地の確保のために管理される保護地域をいう。生息地・種管理地域は、生息地の維持を確保したり、特定の種の必要条件を満たすような管理目的のために、積極的な介入を前提とした陸海域である。

生態系 （Eco-system）
生態系とは、生物間の相互作用、生物と物理環境の相互作用を有するある限定された地域に存在する個体、個体群、および、種の集まりをいう。生物群集（植物群集及び動物群集）及びそれらをとりまく自然界の物理的、化学的環境要因が総合された物質系をいう。生産者、分解者及び還元者から構成され、無機物と有機物との間に物質代謝系が成立している。自然環境を基準にして陸地生態系、海洋生態系等に区分され、また生物群集を基準にして森林生態系、鳥類生態系等に区分される。

世界遺産関連用語　共通

生態系の多様性 (Ecological Diversity)
生態系の多様性とは、生態系は、それぞれ独立して存在するものではなく、連続体である自然の異なる部分を示す為の概念。一般に、森林、草原、湿地、珊瑚礁などの用語が生態系を表わすのに用いられているが、その境界や広さの規模は、それぞれの分類の目的に応じて異なっている。

生物群集 (Ecological Community)
生物群集とは、特定の地域に生息している種の集まりをいう。針葉樹林生物群集、照葉樹林生物群集、マングローブ生物群集、湖沼生物群集などの植物群集や動物群集がある。

生物圏保護区 (Biosphere Reserves)
生物圏保護区は、自然および文化の多様性を保護するための保護区。生物圏保護区域は、ユネスコの人間と生物圏計画（MAB）の枠組みとして、国際的に認知されている陸域と沿岸域の生態系地域である。2020年5月時点で、124か国の701区域が生物圏保護区域として指定されており、これらの区域では、生物圏関連調査、モニタリング、教育および研修などの活動を通じて、生態系や生物多様性の保全と、地域社会の自然資源の持続可能な利用との両立を図っている。世界遺産リストには、セレンゲティ国立公園（タンザニア）、W国立公園（ニジェール）、トゥバタハ岩礁海洋公園（フィリピン）、屋久島（日本）、ドニャーナ国立公園（スペイン）、セントキルダ島（イギリス）、スレバルナ自然保護区（ブルガリア）、ドナウ河三角州（ルーマニア）、バイカル湖（ロシア）、カムチャッカの火山群（ロシア）、中央シホテ・アリン（ロシア）、イエローストーン（アメリカ合衆国）、エバーグレーズ国立公園（アメリカ合衆国）、エル・ヴィスカイノの鯨保護区（メキシコ）、リオ・プラターノ生物圏保護区（ボンジュラス）、ガラパゴス諸島（エクアドル）、ワスカラン国立公園（ペルー）、マヌー国立公園（ペルー）などの生物圏保護区が登録されている。

生物多様性 (Biodiversity)
生物多様性とは、地球上のあらゆる生物種の多様さを意味しており、（1）生物種の数が多いという種間の多様性、（2）同じ種の中でもそれぞれの個体が有している遺伝形質がことなるという種内の多様性（遺伝子の多様性）、（3）これら生物とその生息環境からなる生態系（ある地域内に生息する生物群とその生活に関係のある物理的環境とを総合して一体としたもの）が多様であるという生態系の多様性という3つのレベルの多様性を含んでいる。生態系は多様な生物が生息するほど健全であり、安定しているといえる。地球上の生物種、生態系及び遺伝子の多様性を保護するため、生物多様性条約が1993年5月につくられた。

生物多様性条約 (Convention on Biological Diversity)
生物多様性条約は、1992年の地球サミットにおいて、①生物の多様性（生態系、生物種、種内〈個体群、遺伝子〉の保全②その構成要素の持続可能な利用③遺伝資源の利用から生ずる利益の公正で公平な配分を目的とする包括的な条約が締結された。条約事務局は、モントリオールの国連環境計画（UNEP）。締約国は、現在、196か国。わが国は、1993年5月に締約国になった。正式条約名は、「生物の多様性に関する条約」。**略称　CBD**

生物多様性ホットスポット
生物多様性ホットスポットとは、1500種以上の固有維管束植物（種子植物、シダ類）が生息しているが、原生の生態系の7割以上が改変された地域のことで、これまでに世界で36ヵ所が選定されている。生物多様性ホットスポット内に残された原生自然は、地球の陸地面積のわずか2.4パーセントを占めるに過ぎないが、植物の50%、両生類の60%、爬虫類の40%、鳥類・哺乳類の30%が、生物多様性ホットスポットにしか生息していない。

生物地理地区 (Biogeographical Regions)
生物地理地区は、自然遺産や複合遺産に登録されている生物地理地域。世界自然遺産の保護は、生態系や植物や動物の生息環境の理解にかかっている。生息地、或は、生物地理地域による世界自然遺産地の分類は、既に守られてい

る生態系を理解する手助けになる。生物地理地区は、北区、旧北極、アフリカ熱帯区、インド・マレー区、オセアニア区、オーストラリア区、南極区、新熱帯区の8つからなる。それぞれの区内には、動物相、植物相、それに、生態学的な根拠によって、生物地理地域が定義されている。

世界遺産

（World Heritage　仏語　Patrimoine Mondial）
世界遺産とは、人類が歴史に残した偉大な文明の証明ともいえる遺跡や文化的な価値の高い建造物を保存、そして、この地球上から失われてはならない貴重な自然環境を保護することにより、私たち人類共通の財産を後世に継承していくことを目的に、1972年11月にユネスコ総会で採択された世界遺産条約に基づき世界遺産リストに登録されている物件のこと。世界遺産とは、ユネスコの世界遺産リストに登録されている世界的に「顕著な普遍的価値」（Outstanding Universal Value）を有する遺跡、建造物群、記念物、そして、自然景観、地形・地質、生態系、生物多様性など、国家、民族、人種、宗教を超えて未来世代に引き継いでいくべき、地球と人類の至宝である。世界遺産は、単にユネスコの世界遺産に登録され国際的な認知を受けることだけが目的ではなく、世界遺産をあらゆる脅威や危険から守るために、その重要性を広く世界に呼びかけ、保護・保存のための国際協力を推し進めていくことが世界遺産の基本的な考え方といえる。

世界遺産PACT（World Heritage PACT）

世界遺産PACT、或は、世界遺産保護の為のパートナーシップは、2002年の世界遺産委員会で提案された。世界遺産PACTは、世界遺産の保護に関心のある全ての関係者間における対話、情報交換、それに、交流を促すことである。世界遺産PACTの目的は、
①世界遺産についての啓発
②世界遺産の長期的な保全の為の持続可能な資源を動員することである。世界遺産PACTは、世界遺産委員会によって認定された戦略的な重要事項や目的に基づく世界遺産条約の履行に貢献する異なる機関、組織、会社間の国際協力シ

ステムである。それぞれの活動は、世界遺産センターの支援を通じて、世界遺産の保護と促進する為に設定される。

世界遺産委員会（World Heritage Committee）

世界遺産条約第8条に基づいて設置された政府間委員会で、「世界遺産リスト」と「危機にさらされている世界遺産リスト」の作成、リストに登録された遺産の保全状態のモニター、世界遺産基金の効果的な運用の検討などを行う。世界遺産委員会は21の構成国から成り、毎年6月～7月頃、開催される。

世界遺産委員会委員国

（Representatives elected by the General Assembly of States Parties to the Convention）
世界遺産委員会委員国は、世界遺産条約締結国の中から、世界の異なる地域および文化が均等に代表される様に選ばれた、21か国によって構成されている。任期は6年間だが、公平な代表性を確保し、持ち回りにより機会が均等に与えられるように、世界遺産条約締約国各国が自発的に任期を6年から4年に短縮するとともに、再選を自粛することを検討するよう世界遺産委員会は推奨している。

世界遺産委員会での推薦物件の審議

（Examination of Nominated Properties by World Heritage Committee）
世界遺産委員会は、世界遺産条約締約国からの推薦物件の審議にあたって、（a）世界遺産リストに登録する物件（b）世界遺産リストに登録しないことを決定した物件（c）検討を延期する物件の3つに区分して、世界遺産リストへの登録の可否を決める。

世界遺産委員会における主要議題

（Main themes of World Heritage Committee）
世界遺産委員会における主要議題は「世界遺産リスト」および「危険にさらされている世界遺産リスト」への登録物件の審査、「世界遺産リスト」および「危険にさらされている世界遺産リスト」に登録された特定物件の保全状況の審査、「世界遺産リスト」登録物件の保護のための国際的援助要請の審査、「世界遺産基金」の

運用、「世界遺産」の広報・啓発活動である。

世界遺産委員会の開催歴

（Committee's previous sessions）

世界遺産委員会の開催歴は、下記の通りで、これまでに43回、開催されている。

第 1 回　パリ（フランス）
1977年6月27日～7月1日
第 2 回　ワシントン（アメリカ合衆国）
1978年9月5～8日＜12物件＞
第 3 回　ルクソール（エジプト）
1979年10月22～26日＜45物件＞
第 4 回　パリ（フランス）
1980年 9月1～5日＜28物件＞
臨　　時　パリ（フランス）
1981年 9月10～11日＜1物件＞
第 5 回　シドニー（オ-ストラリア）
1981年10月26～30日＜26物件＞
第 6 回　パリ（フランス）
1982年12月13～17日＜24物件＞
第 7 回　フレンツェ（イタリア）
1983年12月5～9日＜29物件＞
第 8 回　ブエノスアイレス（アルゼンチン）
1984年10月29～11月2日＜23物件＞
第 9 回　パリ（フランス）
1985年12月2～6日＜30物件＞
第10回　パリ（フランス）
1986年11月24～28日＜31物件＞
第11回　パリ（フランス）
1987年12月7～11日＜41物件＞
第12回　ブラジリア（ブラジル）
1988年12月5～9日＜27物件＞
第13回　パリ（フランス）
1989年12月11～15日＜7物件＞
第14回　バンフ（カナダ）
1990年12月7～12日＜17物件＞
第15回　カルタゴ（チュニジア）
1991年12月9～13日＜22物件＞
第16回　サンタ・フェ（アメリカ合衆国）
1992年12月7～14日＜20物件＞
第17回　カルタヘナ（コロンビア）
1993年12月6～11日＜33物件＞
第18回　プーケット（タイ）
1994年12月12～17日＜29物件＞
第19回　ベルリン（ドイツ）

1995年12月4～ 9日＜29物件＞
第20回　メリダ（メキシコ）
1996年12月2～7日＜37物件＞
第21回　ナポリ（イタリア）
1997年12月1～6日＜46物件＞
第22回　京都（日本）
1998年11月30日～12月5日＜30物件＞
第23回　マラケシュ（モロッコ）
1999年11月29～12月4日＜48物件＞
第24回　ケアンズ（オーストラリア）
2000年11月27日～12月 2日＜61物件＞
第25回　ヘルシンキ（フィンランド）
2001年12月11日～12月16日＜31物件＞
第26回　ブダペスト（ハンガリー）
2002年 6月24日～ 6月29日＜9物件＞
第27回　パリ（フランス）
2003年 6月30日～ 7月 5日＜24物件＞
第28回　蘇州（中国）
2004年 6月28日～ 7月 7日＜34物件＞
第29回　ダーバン（南アフリカ）
2005年 7月10日～ 7月18日＜24物件＞
第30回　ヴィリニュス（リトアニア）
2006年 7月 8日～ 7月16日＜18物件＞
第31回　クライスト・チャーチ(ニュージーランド)
2007年 6月23日～ 7月 2日＜2物件＞
第32回　ケベック（カナダ）
2008年 7月 2日～ 7月10日＜27物件＞
第33回　セビリア（スペイン）
2009年 6月22日～ 6月30日＜13物件＞
第34回　ブラジリア（ブラジル）
2010年 7月25日～ 8月 3日＜21物件＞
第35回　パリ（フランス）
2011年 6月19日～ 6月29日＜25物件＞
第36回　サンクトペテルブルク（ロシア連邦）
2012年 6月24日～ 7月 6日＜26物件＞
第37回　プノンペン（カンボジア）
2013年 6月16日～ 6月27日＜19物件＞
第38回　ドーハ（カタール）
2014年 6月15日～ 6月25日＜26物件＞
第39回　ボン（ドイツ）
2015年 6月28日～ 7月 8日＜24物件＞
第40回　イスタンブール（トルコ）
2016年 7月10日～ 7月17日＜21物件＞
　　　〃　　パリ（フランス）
2016年10月24日～10月26日

第41回　クラクフ（ポーランド）
2017年 7月 2日〜 7月12日＜21物件＞
第42回　マナーマ（バーレーン）
2018年 6月24日〜 7月 4日＜19物件＞
第43回　バクー（アゼルバイジャン）
2019年 6月30日〜 7月10日＜29物件＞
＜　＞内は、登録物件数

世界遺産委員会のビューロー
（Bureau of the World Heritage Committee）
世界遺産委員会のビューローは、世界遺産委員会によって毎年選ばれる7か国の締約国、すなわち、議長国、5か国の副議長国、それに、ラポルチュール（書記国）からなる。世界遺産委員会のビューローは、世界遺産委員会の業務をコーディネートし、会合の日程、議題などを決める。新ビューローの選挙は、世界遺産委員会の最終日に行われる。

世界遺産エンブレム
（World Heritage Emblem）
世界遺産エンブレムは、1978年の第2回世界遺産委員会ワシントン会議において採用された。文化遺産と自然遺産が相互に依存していることを象徴している。中央の正方形は人類の創造による象形であり、円は自然を表し、二つが密接に結ばれている。このエンブレムは地球のように丸く、同時に保護を表すシンボルである。世界遺産条約の象徴であり、世界遺産条約締約国の世界遺産条約への固い支持を意味し、「世界遺産リスト」登録物件を顕彰する。一般市民の世界遺産条約の知識と結びつき、世界遺産条約の信用性及び名声の証である。そして何よりも世界遺産条約の存在理由である「普遍的価値」の印である。

世界遺産基金（World Heritage Fund）
世界遺産基金とは、世界遺産の保護を目的とした基金で、2020〜2021年（2年間）の予算案は、6,426,093US$。世界遺産条約が有効に機能している最大の理由は、この世界遺産基金を締約国に義務づけることにより世界遺産保護に関わる援助金を確保できることであり、その使途については、世界遺産委員会等で審議される。

世界遺産講座
（World Heritage Studies Programme）
世界遺産の保全に関わる人材育成の必要性が増大していくなかで、ブランデンブルク工科大学（ドイツ）、フランソワ・ラブレー大学（フランス）、ミラノ大学（イタリア）、北京大学（中国）、デーキン大学（オーストラリア）、ミネソタ大学、シモンズ・カレッジ（アメリカ合衆国）、ダブリン大学（イギリス）、筑波大学大学院、東京大学、九州大学、早稲田大学、神田外語大学、奈良大学、広島女学院大学、長崎国際大学（日本）などの大学で世界遺産に関係した講座や科目が開設されてきた。

世界遺産条約（World Heritage Convention）
世界遺産条約は、1972年11月16日にユネスコのパリ本部で開催された第17回ユネスコ総会において満場一致で採択され、1975年12月17日に発効。文化遺産および自然遺産を人類全体の為の世界の遺産として損傷、破壊などの脅威から保護し、保存する為の国際的な協力および援助の体制を確立することを目的とする。2020年5月現在、193の国と地域が締約している。わが国は、1992年6月19日に世界遺産条約を国会で承認し、9月30日に発効。125か国目の締約国（State Party）になった。また、1993年には、世界遺産委員会の委員国に選ばれ、1998年に日本の京都市で開催された第22回世界遺産委員会京都会議では議長国を務めた。世界遺産条約事務局は、パリにあるユネスコ事務局世界遺産センター。正式条約名は、「世界の文化遺産および自然遺産の保護に関する条約」。

世界遺産条約締約国（State Parties）
世界遺産登録の大前提は、世界遺産条約の締約国になることである。2020年5月現在、世界の193の国と地域が締約している。日本は、1992年6月30日に世界遺産条約を受諾、125番目の締約国として仲間入りした。

世界遺産条約締約国の義務
（Duty of State Parties）
世界遺産締約国は、自国の領域内に存在する文化遺産及び自然遺産を認定し、保護し、保存

し、整備し、及び、将来の世代へ伝えることを確保することが第一義的には自国に課された義務であることを認識する（世界遺産条約第4条）。締約国は、文化遺産及び自然遺産が世界の遺産であること並びにこれらの遺産の保護について協力することが国際社会全体の義務であることを認識する（同第6条）。また、締約国は、あらゆる適当な手段を用いて、特に、教育及び広報事業計画を通じて、自国民が文化遺産及び自然遺産を評価し、及び、尊重することを強化するよう努める（同27条）などの義務がある。世界遺産は、単に、ユネスコの世界遺産に登録され国際的な認知を受けることだけが目的ではない。人類共通の財産として、国内的にも恒久的に保護し、保存し、整備し、次世代に継承していくことが自国に課された義務でもある。また、日本国内の自然環境や文化財が、世界遺産として登録されるということは、あらためて身近な自然や文化を見直す契機になると共に、世界の目からも常に監視されるため、その保護・保全のために、より一層の努力が求められることとその責任を負うということにつながる。従って、世界遺産の存在意義を国民生活や地域社会のシーンで一定の役割を与えること、そして、世界遺産の持続的な保護・保全、整備のあり方を国土、地域、市町村の総合計画、環境基本計画、地域防災計画などの諸計画、それに、環境条例、景観条例などの諸条例にも反映させていくと同時に地域振興にも活用していくことが重要。世界遺産は、世界遺産地を国内外にアピールできる絶好の機会となることも確かだが、世界のお手本を学んでいくことを通じ、自分達の環境をグローバルな視点から見つめ直し、21世紀の国土づくりや地域づくりに反映していくことができれば、社会的にも大変意義がある。

世界遺産条約締約国の総会
（General Assembly of States Parties to the Convention）
世界遺産条約締約国の総会は、2年毎にユネスコ総会の通常総会の会期中に開催され、世界遺産基金の確立、世界遺産委員国改選国の選挙、世界遺産の保全状況についての討議等を行う。

世界遺産条約の事務局と役割と仕事
世界遺産条約の事務局であるユネスコ世界遺産センターは、1992年にユネスコ事務局長によって設立され、ユネスコの組織では、現在、文化セクターに属している。その役割と仕事は、次の通りである。
- 世界遺産ビューロー会議と世界遺産委員会の運営
- 締結国に世界遺産を推薦する準備のためのアドバイス
- 技術的な支援の管理
- 危機にさらされた世界遺産への緊急支援
- 世界遺産基金の運営
- 技術セミナーやワークショップの開催
- 世界遺産リストやデータベースの作成
- 世界遺産の理念を広報するための教育教材の開発

世界遺産条約の趣旨と課題
（Prospectus and challenges of World Heritage Convention）
世界遺産条約は、毎年、新たな物件を世界遺産リストに登録していくことが究極の目的ではない。地球と人類の脅威からこれらの物件を保護・保全し救済、修復していくのが本来の趣旨のはずで、危機にさらされている世界遺産を救済していくことこそがその本旨だと思う。また、世界遺産条約を締約していない国と地域にも世界遺産リストに登録されている物件に匹敵するすばらしい物件が数多くある。これらの中には、危機にさらされている世界遺産と同様に、干ばつなどの災害や民族紛争や領土問題等により深刻な危機に直面している物件も数多くあることを忘れてはいけない。全地球的な観点に立つならば、今後、これらの物件をどのように扱い、どのように保護・保全していくのか、世界遺産の数の地域的な偏りの解消、自然遺産と文化遺産の数の均衡などの課題もあり、世界遺産委員会では、地域別に世界的戦略を企図し、これらの問題の解消に努めている。

世界遺産条約の理念と目的
「顕著な普遍的価値」（Outstanding Universal Value）を有する自然遺産および文化遺産を人類全体のための世界遺産として、破壊、損傷等の脅威から保護・保存することが重要であるとの観点から、国際的な協力および援助の体制を確立することを目的としている。

世界遺産条約履行の為の作業指針
（Operational Guidelines for the Implementation of the World Heritage Convention）

ユネスコの世界遺産に関する基本的な考え方は、世界遺産条約にすべて反映されているが、別途、「世界遺産条約履行の為の作業指針」（通称：オペレーショナル・ガイドラインズ）が設けられており、世界遺産条約はそれに基づいて履行されている。1977年6月の第1回世界遺産委員会パリ会議で27条の原文が作成され、その後、文化的景観など新しい概念の導入が図られるなど、1980年、1988年、そして、2008年など18回にわたって改訂が重ねられてきた。その規則は、世界遺産委員会で採択された決議や宣言も反映して290パラグラフにも達し、「世界遺産リストへの登録推薦書式」などの書式や付属資料も整備され、内容も充実してきている。

世界遺産条約履行の為の戦略的行動計画 2012年〜2022年
2011年第18回世界遺産条約締約国パリ総会での決議事項に拠る。
◎信用性、代表性、均衡性のある「世界遺産リスト」である為のグローバル戦略の履行と自発的な保全へ取組みとの連携（PACT＝世界遺産パートナー・イニシアティブ）に関するユネスコの外部監査による独立的評価
◎世界遺産の人材育成戦略
◎災害危険の軽減戦略
◎世界遺産地の気候変動のインパクトに関する政策
◎下記のテーマに関する専門家グループ会合開催の推奨
　○ 世界遺産の保全への取組み
　○ 世界遺産委員会などでの組織での意思決定の手続き
　○ 世界遺産委員会での登録可否の検討に先立つ前段プロセス（早い段階での諮問機関のICOMOSやIUCNと登録申請国との対話等3月末締切りのアップストリーム・プロセス）の改善
　○ 世界遺産条約における保全と持続可能な発展との関係
＜出所＞2011年第18回世界遺産条約締約国パリ総会での決議事項に拠る。

世界遺産センター（World Heritage Centre）
世界遺産センターは、ユネスコの世界遺産に関する事務局。世界遺産センターは、世界遺産条約履行に関連した活動の事務局業務を行う為、1992年にパリのユネスコ本部内に設立された。現在の所長は、メヒティルト・ロスラー氏（Dr. Mechtild Rössler　2015年9月〜（専門分野　文化・自然遺産、計画史、文化地理学、地球科学など1991年からユネスコに奉職、1992年からユネスコ世界遺産センター、2003年から副所長を経て現職、文化局・文化遺産部長兼務　ドイツ出身）。総会、世界遺産委員会、世界遺産委員会ビューロー会議を仕切るほか、世界遺産への登録準備に際して、締約国への各種アドバイス、締約国からの技術援助の要請に伴う対応、世界遺産の保全状況の報告や世界遺産地の緊急事態への対応などの調整、世界遺産基金の管理などのほか、技術セミナーやワーク・ショップの開催、世界遺産リストとデータベースの更新、世界遺産の啓蒙活動などを行っている。また、保存に関わるNGOのICOMOS、IUCN、OWHC、ICOMなどとも協力関係にある。世界遺産センターの組織は、自然遺産課、政策・法制整備課、促進・広報・教育課、アフリカ課、アラブ諸国課、アジア・太平洋課、ヨーロッパ課、ラテンアメリカ・カリブ課、世界遺産センター事務部からなる。
略称　WHC

世界遺産地（World Heritage sites）
世界遺産地とは、ユネスコの世界遺産がある市や町をいう。世界遺産登録地。

世界遺産登録推薦書類
（Forms for Site Registration）
世界遺産登録推薦書類は、物件所在地、法的データ、物件の保全・保存の状態、世界遺産登録の正当性の証明などの内容が求められる。

世界遺産登録推薦物件の提出期限
（Deadline for submitting nominations to the World Heritage）
世界遺産委員会が審議する推薦物件をユネスコ世界遺産センターが受理する最終期限は、毎年2月1日である。

世界遺産関連用語　共通

世界遺産登録に向けての資料整備
（Preparation of Documents for World Heritage Nomination）

世界遺産登録に向けて、推薦物件に関する様々な資料整備を図っておくことが必要である。なかでも、推薦物件の位置や法的地域区分を示す地図および図面、推薦物件の全景写真や周辺の都市景観などの写真資料、推薦物件の保護に関わる機関や組織についての補足資料、推薦物件に関わる法律や政令、土地利用計画、都市開発計画、地域開発計画、その他の基本計画などの法的情報、参考文献などの文献資料は、基本的な情報として、提出が義務づけられる。

世界遺産登録物件の保全状況のモニタリング
（Reactive Monitoring and Periodic Reporting）

脈々と地道に引き継がれてきた世界遺産も、この様に、瞬時に失われてしまったり、長い年月の内に形状が変化したり、管理する人も不在で、野ざらしになってしまっては、世界遺産としての質も失われてしまう。この様な事がない様に、世界遺産は、常に、監視をしておかなければならないし、その為に設けられているのが、オペレーショナル・ガイドラインズの世界遺産登録物件の保全状況のモニタリングであり、世界遺産条約締約国は、定期的に世界遺産の保護・管理状況などを世界遺産委員会に報告することを義務づけている。この事が、ユネスコの世界遺産に登録されることの意義、そして、総体として見た場合の世界遺産リストの質の高さを立証することにもなっている。

世界遺産と気候変動に関する戦略
（Strategy on World Heritage and Climate Change）

世界遺産を取り巻く脅威や危険の内容も年々多様化し深刻化している。地球規模のものでは、温暖化によって、ネパールの「サガルマータ国立公園」の氷河溶解、オーストラリアの「グレート・バリア・リーフ」の珊瑚礁の白化現象、イタリアの「ヴェネチアとその潟」の海面上昇など多くの世界遺産地に深刻な影響が表れつつあり、第30回世界遺産委員会ヴィリニュス会議では、「世界遺産と気候変動に関する戦略」が採択された。

世界遺産に関するブダペスト宣言
（Budapest Declaration on World Heritage）

世界遺産に関するブダペスト宣言は、2002年6月にハンガリーのブダペストで開催された第26回世界遺産委員会で、世界遺産条約採択30周年を記念して採択された。「顕著な普遍的価値」を有する地理的にも偏りのない代表的な世界遺産リストの信頼性（Credibility）を高め、世界遺産の効果的な保護活動（Conservation）を促進すること、世界遺産条約の真の趣旨の理解や世界遺産リストへの登録準備や遺産の保護技術や管理体制の拡充等に関する締約国の能力の向上（Capacity building）を促進すること、コミュニケーション（Communication）や教育を通じての世界遺産への関わりや支援や今後の課題など社会認識を高めること（4Cs）、また、遺産の保護活動を持続的経済開発に結びつけて、人々の生活の向上を計ることと、遺産保護活動に周辺の人々の積極的参加を促進することなどがその本旨である。

世界遺産認定書
（World Heritage Certificate）

世界遺産リストに登録されると同時に、世界遺産登録の証として「世界遺産認定書」が、ユネスコから当該国の政府に贈られる。わが国では、その複製を作成し、登録各地域に贈っている。「認定書」は、地元の住民や訪れる観光客に、世界遺産の意義を知らせるために役立っている。

世界遺産のカテゴリー
（World Heritage by Category）

世界遺産のカテゴリーは、化石発掘地、生物圏保護区、熱帯林、生物地理地区などの自然遺産、人類遺跡、産業遺産、文化的景観、岩画遺跡、歴史都市などの文化遺産、それに、複合遺産からなる。

世界遺産の潜在危険
（Potential Risk of World Heritage）

世界遺産は、私たちの身の回りの環境と同様に、台風や地震などの自然災害や戦争やテロなどの人為災害、それに、海洋環境の劣化などの地球環境問題など世界遺産は、いつも、見えな

い危険にさらされている。また、過疎化・高齢化などによる後継者難など世界遺産を取り巻く社会構造上の問題も抱えている。

世界遺産の地域区分
（World Heritage by Region）
世界遺産の地域区分は、アフリカ、アラブ諸国、アジア・太平洋、ヨーロッパ・北アメリカ、ラテンアメリカ・カリブ海地域の5つの地域に区分されている。

世界遺産の登録基準
（Criteria for the inscription of properties in the World Heritage List）
世界遺産には、世界遺産委員会が定める世界遺産の登録基準（クライテリア）が設けられている。2006年までは、自然遺産には4つの、文化遺産には6つの登録基準によって選考された別立てのリストが2つあったが、自然遺産と文化遺産の登録数の不均衡を是正するために統合的アプローチを目指して、2003年の第27回世界遺産委員会パリ会議の決定により、世界遺産条約履行のための作業指針が2005年に改訂され、2007年の登録から（i）～（x）の1つのリストに統合された。世界遺産登録のためには、このうちの一つ以上の基準を満たしていることが必要となる。
（i）人類の創造的天才の傑作を表現するもの。
（ii）ある期間を通じて、または、ある文化圏において、建築、技術、記念碑的芸術、町並み計画、景観デザインの発展に関し、人類の価値の重要な交流を示すもの。
（iii）現存する、または、消滅した文化的伝統、または、文明の、唯一の、または、少なくとも稀な証拠となるもの。
（iv）人類の歴史上重要な時代を例証する、ある形式の建造物、建築物群、技術の集積、または、景観の顕著な例。
（v）特に、回復困難な変化の影響下で損傷されやすい状態にある場合における、ある文化（または、複数の文化）、或は、環境と人間との相互作用、を代表する伝統的集落、または、

土地利用の顕著な例。
（vi）顕著な普遍的な意義を有する出来事、現存する伝統、思想、信仰、または、芸術的、文学的作品と、直接に、または、明白に関連するもの。
（vii）もっともすばらしい自然的現象、または、ひときわすぐれた自然美をもつ地域、及び、美的な重要性を含むもの。
（viii）地球の歴史上の主要な段階を示す顕著な見本であるもの。これには、生物の記録、地形の発達における重要な地学的進行過程、或は、重要な地形的、または、自然地理的特性などが含まれる。
（ix）陸上、淡水、沿岸、及び、海洋生態系と動植物群集の進化と発達において、進行しつつある重要な生態学的、生物学的プロセスを示す顕著な見本であるもの。
（x）生物多様性の本来的保全にとって、もっとも重要かつ意義深い自然生息地を含んでいるもの。これには、科学上、または、保全上の観点から、普遍的価値をもつ絶滅の恐れのある種が存在するものを含む。

世界遺産の登録要件
（Requirements to be included on the World Heritage List）
世界遺産の登録要件は、第一に、世界的に顕著な普遍的価値を有することが前提になる。第二に、世界遺産委員会が定める世界遺産の登録基準の一つ以上を満たしている必要がある。第三に、世界遺産としての価値を将来にわたって継承していく為の保護・管理措置が講じられている必要がある。保護・管理措置とは、適切な立法措置、人員確保、資金準備、および、管理計画などが含まれる。

世界遺産の保全状況の監視
（Monitoring of State of Conservation of Properties inscribed on the World Heritage List）
世界遺産に登録された物件の保全状況を監視し、適切な措置を講じることは、世界遺産委員会の重要な役割の一つ。災害による損壊や、世界遺産の区域内、または、近隣における開発事

世界遺産関連用語 共通

業、武力紛争などが問題になる。問題が生じた世界遺産については、ユネスコ世界遺産センターやICOMOSやIUCNなどの助言機関の報告に基づいて、世界遺産委員会ビューロー会議、または、世界遺産委員会が保全状況の審査を行い、必要に応じて、締約国に対する是正措置の勧告や実態を調査する為のミッションの派遣などが行われる。この世界遺産が、重大かつ特別な危険にさらされていて、保全の為に大規模な措置や国際援助が必要な場合には、「危機にさらされている世界遺産」に登録されることになる。締約国は、世界遺産に影響を及ぼす特別な事態が生じたり、工事が計画された場合には、影響調査を含む報告書を世界遺産委員会に提出しなければならない。また、締約国は、自国のとった措置を定期的に報告しなければならないほか、各国の世界遺産の保全状況を6年間毎に世界遺産委員会の審査を受ける必要がある。

世界遺産の6つの将来目標
2011年第18回世界遺産条約締約国パリ総会での決議事項に拠る。
◎世界遺産の「顕著な普遍的価値」（OUV）の維持
◎世界で最も「顕著な普遍的価値」のある文化・自然遺産の世界遺産リストの作成
◎現在と将来の環境的、社会的、経済的なニーズを考慮した遺産の保護と保全
◎世界遺産のブランドの質の維持・向上
◎世界遺産委員会の政策と戦略的重要事項の表明
◎定例会合での決議事項の周知と効果的な履行

世界遺産は時空を超えた地球と人類の至宝
世界遺産は、46億年の地球史、500万年の人類史のなかで培われてきた。ユネスコの「世界遺産リスト」には、毎年、各分野を代表する世界的に「顕著な普遍的価値」を有する多様な世界遺産が登録されている。自然景観、地形・地質、生態系、生物多様性、考古学遺跡、歴史都市、文化的景観、産業遺産、20世紀の建築など、時空を超えた、地球や生物の活動の営為、それに、人類である人間が創り出した、かけがえのない財産、それが「世界遺産」といえる。

世界遺産リスト（World Heritage List）
世界遺産リストとは、文化遺産または自然遺産の一部を構成する物件であって、世界遺産委員会が自己の定めた基準に照らして顕著な普遍的価値を有すると認める世界遺産一覧表。2020年5月現在、万里の長城、ピラミッド、自由の女神像などの文化遺産が679物件、カナディアン・ロッキー山脈公園、ヨセミテ国立公園などの自然遺産が174物件、マチュ・ピチュの歴史保護区、カッパドキアなどの複合遺産が25物件、167の国と地域の1121物件が世界遺産として登録されている。

世界遺産リストからの登録抹消
ユネスコの世界遺産は、「世界遺産リスト」への登録後において、下記のいずれかに該当する場合、世界遺産委員会は、「世界遺産リスト」から登録抹消の手続きを行なうことが出来る。
1）世界遺産登録を決定づけた物件の特徴が失われるほど物件の状態が悪化した場合。
2）世界遺産の本来の特質が、登録推薦の時点で、既に、人間の行為によって脅かされており、かつ、その時点で世界遺産条約締約国によりまとめられた必要な改善措置が、予定された期間内に講じられなかった場合。これまでの登録抹消の事例としては、下記の2つの事例がある。
●オマーン　「アラビアン・オリックス保護区」（**自然遺産**　1994年世界遺産登録　2007年登録抹消）＜理由＞油田開発の為、オペレーショナル・ガイドラインズに違反し世界遺産の登録範囲を勝手に変更したことによる世界遺産登録時の完全性の喪失。
●ドイツ「ドレスデンのエルベ渓谷」（**文化遺産**　2004年世界遺産登録　★【危機遺産】2006年登録　2009年登録抹消）＜理由＞文化的景観の中心部での橋の建設による世界遺産登録時の完全性の喪失。

世界遺産リストの信頼性
（Credibility of the World Heritage List）
世界遺産リストの信頼性は、世界遺産リストに登録されている自然遺産や文化遺産が各分野を代表する顕著な普遍的価値を有するものでなければならない。

世界遺産関連用語　共通

世界遺産リストの代表性を確保する方法と手段

（Methods and Means to ensure
the Representativeness of World Heritage）

世界遺産リストの代表性を確保する方法と手段
は、1999年10月に開催された第12回世界遺産条
約締約国の総会でが決議され、

1) まだ世界遺産リストに十分に登録されて
いない新たな分野に焦点をあてること
2) 物件の価値を厳格にとらえると共に世界
遺産の不均衡是正の対策として登録数の
多い国は推薦を自粛すること
3) 推薦国政府が保護に対してその持てる限り
の手段で全力を注いでいることの証明が
示されるまで登録は差し控えられること

の方針が示されていることに十分留意する必要
がある。世界遺産委員会もワーキング・グルー
プやタスク・フォースで検討を重ねており、世
界遺産の選定にあたっては厳選していく方向性
で、第27回の世界遺産委員会では、新登録物件
の数を最高30物件に止めるとの方針を打ち出し
ている。

世界三大宗教

（The Big Three Religions of the world）

世界三大宗教とは、仏教、キリスト教、イスラ
ム教のこと。宗教人口の割合では、キリスト
教、（Christianity 33%）、イスラム教（Islam
21%）、ヒンドゥー教（Hinduism 14%）、アフ
リカの伝統宗教など原始的・土着的宗教
（Primal-Indigenous 6%）、儒教など中国伝統宗
教（Chinese Traditional 6%）、仏教（Buddism
6%）の順である。

世界三大瀑布

（The Big Three Waterfalls of the world）

世界三大瀑布とは、ビクトリアの滝（ザンビ
ア／ジンバブエ）、イグアスの滝（ブラジル／
アルゼンチン）、ナイアガラの滝（カナダ／ア
メリカ合衆国）のこと。

世界三大仏教遺跡

（The Big Three Religious sites of the world）

世界三大仏教遺跡とは、アンコール（カンボジ
ア）、ボロブドール（インドネシア）、バガン
（ミャンマー）のこと。

世界三大陵墓

（The Big Three Tombs andMausoleums of the world）

世界三大陵墓とは、クフ王のピラミッド（エジ
プト）、秦の始皇帝陵（中国）、大仙古墳（仁
徳天皇陵）（日本）のこと。

世界自然遺産（World Natural Heritage）

世界自然遺産とは、ユネスコの世界遺産リスト
に登録されている自然遺産のこと。

世界自然遺産会議

（International Conference on World Natural
Heritage）

世界自然遺産会議は、世界遺産条約に登録され
た屋久島を有する鹿児島県において、2000年5
月18日～21日に「世界自然遺産会議－豊かな自
然と共生する地域づくりに関するアジア太平
洋・鹿児島会議－」が開催された。世界自然遺
産を有するアジア太平洋地域14か国の20自治
体・5政府機関が一堂に会し、世界自然遺産の
保全と世界自然遺産を生かした地域づくりの在
り方について論議を深めるとともに鹿児島県民
参加による豊かな自然を生かした循環と共生の
地域づくりを促進することを目的とした会議で
は、併せて、屋久島をはじめ鹿児島県の優れた
自然などを世界に紹介し、アジア太平洋地域を
中心とした国々との国際交流が行われた。第2
回世界自然遺産会議は、2005年10月15日から17
日まで、青森県弘前市をはじめとした白神山地
の周辺市町村を会場に開催された。第3回世界
自然遺産会議は、2007年11月5日から8日まで、
中国・四川省の峨眉山市で開催された。

世界自然遺産の保護、管理および持続可能な
開発に関する峨眉山宣言

（Emei Shan Declaration on the Protection, Management
and Sustainable Development of World Natural
Heritage）

中国四川省の世界遺産である峨眉山において、
2007年11月5日から8日まで、第3回世界自然遺産
国際会議が開催された。ユネスコ世界遺産セン
ターの支援を得て、この会議は、中華人民共和
国建設部、中国ユネスコ国内委員会および四川
省人民政府によって共同開催された。第3回会

議は、日本の屋久島と白神山地で2000年と2005年にそれぞれ開催され、成功を収めた世界自然遺産国際会議の第1回会議および第2回会議に続くものである。この会議の参加者は、1972年の世界遺産条約に基づく重要な国内外での責任について注目し、世界遺産と観光の問題点および機会や、特に、地域社会のために利益を最大限に引き出しつつ、不適切なインフラ開発などの負の影響を最小限に抑える必要性に関心が集まった。参加者は、人間と自然との調和ある共存の重要性と、世界遺産の計画および管理において、この点の必要性について一致をみた。また、持続可能な開発の原則に基づいて、アジア・太平洋地域の地方当局および地域管理者間での協力および管理経験の交換の重要性についても強く主張された。参加者は、それぞれの国の国内当局による世界遺産条約の遵守についての確保に関して、あらためて表明を行い、アジア・太平洋地域の定期報告の第1サイクルの実施から導き出された勧告事項、及び、2003年7月の世界遺産委員会で採択された「アクション・アジア2003-2009（Action Asia 2003-2009）」および「世界遺産－太平洋2009（World Heritage -Pacific 2009）」という2つの地域プログラムに含まれる優先措置についてレビューした。このような会議の重要性を認識しつつ、現地当局および地域管理者の役割の重要性が高まっていることを強調し、2007年11月7日、「世界自然遺産の保護、管理および持続可能な開発に関する峨眉山宣言」を採択した。

世界自然保護基金
（World Wide Fund for Nature）
世界自然保護基金は、世界の野生動物の保護を目的として、寄付金収入により各国の野生動物の保護事業を推進するとともに、各種の宣伝、教育活動などを行っている世界最大の自然保護団体で、スイスのグランに置かれたWWFインターナショナルと、日本（WWF Japanは、1971年に設立）、アメリカなど20数か国に設けられた国内委員会があり、さらに5か国に公式協力団体がある。1961年に設置され、総裁はイギリスのエジンバラ公フィリップ殿下。世界野生生物基金から1988年6月に改称された。**略称 WWF**

世界保護モニタリング・センター保護地域情報
（World Conservation Monitoring Centre Protected Areas Information）
世界保護モニタリング・センター保護地域情報とは、世界の生物資源の保護と持続可能な利用に関する情報サービスを提供する世界保護モニタリング・センターの世界の保護地域のデータベース。データは、「世界保護地域」（1992年）および「国連国立公園・保護地域リスト」（1993年）に基づいたもので、国別に検索できるようになっている。世界遺産条約、世界保護地域の概要、保護地域の定義、IUCNの分類などともリンクしている。

世界無形文化遺産
（World Intangible Cultural Heritage）
世界無形文化遺産は、2003年10月17日のユネスコ総会で採択され2006年4月に発効した無形文化遺産保護条約に基づいて作成された「代表リスト」に記載されている世界各地の類いない価値を有する口承、芸能、儀礼、祭事、伝統工芸技術などの無形文化遺産をいう。無形文化遺産保護条約は、無形文化遺産の重要性への認識を高め、多様な無形文化遺産を尊重、消滅の危険性がある無形文化遺産を保護することが目的で、2008年7月28日現在の締約国の数は100国、日本は、2004年6月15日、世界で3番目に締約した。世界無形文化遺産は、いわば、世界遺産の無形文化遺産版である。無形遺産リスト（Intangible Heritage Lists）には、世界遺産の「世界遺産リスト」に相当する「代表リスト」（Representative List）と「危機にさらされている世界遺産リスト」に相当する「緊急保護リスト」（Urgent Safeguarding List）の2種類がある。無形文化遺産保護条約の発効前に、ユネスコが「人類の口承および無形遺産に関する傑作」の宣言をしている日本の「能楽」、「人形浄瑠璃文楽」、「歌舞伎」の3件は、自動的に「代表リスト」に記載される。世界無形文化遺産は、世界遺産とは異なり、専門機関による価値の評価は行われず、無形文化遺産保護条約履行の為の案内ガイドであるオペレーショナル・ディレクティブス（Operational Directives）に基づいて、書類審査のみで、「代表リスト」への記

載の可否が決まる。2008年7月30日、文化庁は、ユネスコの無形文化遺産保護条約に基づいて、日本の「代表リスト」への記載候補として、「雅楽」、「木造彫刻修理」、北海道の「アイヌ古式舞踊」、京都の「京都祇園祭の山鉾行事」、島根の「石州半紙」など14件を選定した。日本は、国指定の重要無形文化財、重要無形民俗文化財、選定保存技術の3分野の全てを最終的に候補として提案する方針で、指定時期が早い順に、分野や地域のバランスを考慮しながら、順次提案、2020年5月現在、21件が「代表リスト」に登録されている。

先住民族の権利に関する国連宣言
（United Nations Declaration
on the Rights of Indigenous Peoples）

先住民族の権利に関する国連宣言が、2007年9月13日、国連本部で開催された第61回国連総会において採択された。国連総会の決議には国際法上の法的拘束力はないが、国連宣言は国際的な法律基準のダイナミックな発展を意味し、また国連の加盟国の関心や関与が一定の方向に動いたことを示している。国連宣言は、「世界の先住民族の待遇を整備する重要な基準であり、3億7000万人の先住民族に対しての人権侵害を無くし、彼らが差別や周縁化（マージナライゼーション）と戦うのを援助するための疑う余地のない重要なツールである」という内容である。国連宣言の最終版は、2006年6月29日に、国連人権理事会の47理事国のうち賛成30、反対2で採択され、棄権12、欠席3であった。国連宣言はそれから総会に諮られ、第61回総会中の2007年9月13日に提案の採用について採決した。投票結果は143か国の賛成、4か国の反対、11か国の棄権であった。反対は、オーストラリア、カナダ、ニュージーランド、アメリカ合衆国のいずれも先住民族の人口が多い国、アゼルバイジャン、バングラデシュ、ブータン、ブルンジ、コロンビア、グルジア、ケニア、ナイジェリア、ロシア連邦、サモア、ウクライナが棄権、他の34か国は欠席したが、日本は賛成票を投じた。

戦争遺跡
（War-related sites）

戦争遺跡は、第二次世界大戦中、ドイツがユダヤ人を大量に虐殺したポーランドのアウシュヴィッツ強制収容所、第二次世界大戦末期にアメリカが広島市上空に投下した原子爆弾で被災した原爆ドームが代表的な戦争の悲惨さを示す遺跡。人間が起こす戦争の愚かしさを示す人類にとってのマイナスの遺産なので、「負の遺産」とも言われる。

専門機関による調査と評価
（Research and Evaluation by Specialized Bodies）

ユネスコ世界遺産センターへ世界遺産締約国から世界遺産への登録推薦書類が提出されたら、自然遺産については、専門機関である国際自然保護連合（IUCN）が、文化遺産については、専門機関であるイコモス（ICOMOS）が、自然科学、建築や都市計画などの専門家を現地に派遣し、厳格な現地調査を行い、世界遺産パネル（World Heritage Panel）で審査の結果、評価報告書（Evaluation Report）を作成する。複合遺産については、イコモス、IUCNの合同評価が行われる。イコモスは、必要があれば、文化財の保存に関する専門的なアドバイスを、イクロム（ICCROM）から受けることもある。IUCNもICOMOSも、1972年の世界遺産条約成立に主導的役割を果たした。この評価報告書を基に、世界遺産委員会が登録基準への適合性や保護管理体制について厳しい審査を行う。

他の類似物件との比較
（Comparison with other similar properties）

世界遺産の登録推薦にあたっては、当該物件を、国内外の類似の世界遺産、その他の物件と比較した比較分析を行わなければならない。比較分析では、当該物件の国内での重要性及び国際的な重要性について説明しなければならない。

地球 （Earth）

地球は、46億年前、宇宙の片隅で誕生した。誕生したばかりの地球は一面をマグマと水蒸気の層が覆う生命のない星であった。マグマが冷め、大気が冷やされると、水蒸気は水になり雨

となって地上に降り注ぎ、やがて、地球を覆う海となった。初めて地上に現れた生物は植物で、植物の光合成等により、地上に高度な生命を維持できる大気や気候を作り出した。そして、巨大な恐竜が地球上を支配する時代が訪れ、植物も繁茂し、地球は生命にあふれた星になった。

地球遺産 （Global Heritage）

地球遺産とは、地球46億年と人類が生み出した有形、無形の財産で、未来へと継承されるべきもの。ユネスコの「世界遺産」、「人類の口承及び無形遺産の傑作」、「メモリー・オブ・ザ・ワールド」などを総称して地球遺産と呼ぶこともある。

地球環境モニタリングシステム （Global Environment Monitoring System）

地球環境モニタリングシステムは、人の健康を保護し、必要な天然資源を保全するために世界の環境を監視する為のシステム。略称GEMS。国連環境計画は、GEMSの活動を調整するための組織であるGEMSプログラム活動センターの本部を1975年にナイロビに発足させ、その後、ロンドンに、環境評価研究センター（MARC）を設立した。また、GEMSは英国のケンブリッジに世界保全モニタリングセンター（WCMC）を擁し、関係機関の共同事業として、絶滅の危機に瀕した種や生息地のデータベースを管理し、レッド・データブックを発行している。1985年には、政策決定者がGEMSデータを利用できるようにするため、地理情報システム（GIS）と衛星画像処理技術を利用して環境データを解析し、分かりやすい地図や印刷物を作成する「地球資源情報データベース」（GRID）をスタートさせた。

地球環境問題 （Problems of Global Environment）

地球環境問題とは、地球の温暖化、オゾン層の破壊、酸性雨など、その被害・影響が国境を越えて及び、ひいては地球規模にまで広がっている問題と、開発途上国における熱帯林の減少や野生動物種の減少など、その解決のために先進国等による国際的な取り組みが必要とされる問題のことであり、地球的視野にたって取り組まれるべき環境問題のことである。

地図および図面 （Maps）

世界遺産への推薦にあたっては、推薦物件の正確な位置と隣接する自然環境や建築物を示す1年以内の地図、推薦物件の範囲を詳細に定め、かつ、推薦物件の位置を明確に示す地図、推薦物件の法的地域区分を示す地図など3種類の地図が求められる。

チャールズ・ダーウィン （Darwin, Charles Robert）

1809～1882年。イギリスの生物学者、博物学者。ダーウィンは、エジンバラ大学では医学部へ、しかし中退してケンブリッジ大学の神学部へ進学。その間に植物学や地質学の教授と親交を持ち、南米沿岸の測量を行う英国海軍の「ビーグル号」に乗り込んだ。ガラパゴス群島は地質学上古くはないのに、イグアナやフィンチなどの生物がそれぞれの島で少しづつ違うことに気付き、「旧約聖書」の「創世記」に反する進化の信念を持った。ほぼ同時期にマレー群島を旅行中のウォレスから進化論に関する論文と手紙を得、1858年に共著論文を発表。そして、翌年『種の起原』を出版。ローマ法王が進化論を認めたのは、出版から137年後の1996年10月であった。

地理座標 （Geographic coordinates）

地理座標は、緯度（latitude）と経度（longitude）からなる。

ツーリズム・プレッシャー （Tourism Pressures）

観光圧力

定期報告

世界遺産を有する締約国が、世界遺産委員会を通じて、ユネスコ総会に対して6年ごとに行う、自国の領域内に存在する世界遺産の保全状況、条約を適用するために自国がとった立法・行政措置その他の措置に関する報告。

世界遺産関連用語　共通

デジタル・アーカイブ（Digital Archives）

デジタル・アーカイブとは、遺跡、文化財、それに、資料、所蔵品、書類などをデジタル・データにして記録・保管する方法。

デジタル時代の世界遺産
（World Heritage in the Digital Age）

デジタル時代の世界遺産は、マルチメディアの普及やインターネット技術の革新によって、世界遺産地の遺産の状況を常時監視することによって守ることができるかもしれない。

撤回、取り下げ

不登録の決定が採択されると、原則として再推薦ができなくなるため、不登録の勧告が出されると、将来再推薦を行うために、推薦を取り下げることが通例である。

天然記念物（Natural Monument）

天然記念物とは、主として特徴ある自然の保全のために管理される保護地域。固有の希少性、代表的、審美的な質、文化的な特性によって顕著な、或は、ユニークな価値をもつ、特異な自然物、自然文化物を1つ以上含む地域である。

天文学と世界遺産
（Astronomy and World Heritage）

1994年の世界遺産委員会で採択された「顕著な普遍的価値」を有する自然遺産や文化遺産の多様性を反映した代表的かつ均衡性のある「世界遺産リスト」の確立をめざしたグローバル・ストラテジーの目的に鑑み、また、2005年の第29回世界遺産委員会ダーバン会議で採択された決定事項に基づき、世界遺産センターは、新規テーマとして「天文学と世界遺産」を取り上げることを、世界遺産条約締約国に要請した。国際天文学連合（IAU）は、天文観察と伝統的な天文知識が結びついた資産の特定，保護管理の改善も目的で、地方自治体の参加も、この構想の履行上、重要な部分を担う。「世界遺産リスト」への天文学関連資産の登録の為の手続きを容易にする為、2007年12月の第62回ユネスコ総会で宣言された「世界天文年（国際天文学年）2009」の期間中に、ユネスコ主催で「天文学と世界遺産：時と諸大陸を越えて」の一連の活動が開始される。2009年は、イタリアの科学者ガリレオ・ガリレイが初めて望遠鏡を星空に向けて、宇宙への扉を開いた1609年から400年目の記念すべき年で、国立天文台等においても多様なイベントが企画されている。

登録延期（Recommended for Deferral）

諮問機関であるICOMOSおよびIUCNは、世界遺産条約締約国によって登録推薦された物件が「顕著な普遍的価値」を持つか、完全性及び／または真正性の条件を満たしているか、また、必要な保護管理上の要件を満たしているかどうか審査を行い、a)無条件で登録を勧める物件、b)登録を勧めない物件、c)情報照会・登録延期の勧告、の3つの勧告を行う。より綿密に評価・調査を行う必要がある場合や、世界遺産条約締約国により推薦書の本質的な改定が施される必要がある場合は、世界遺産委員会は登録の延期を決議することができる。世界遺産条約締約国が当該登録推薦を再提出することを決定した場合は、2月1日までにユネスコ世界遺産センターに対して再提出を行わなければならない。再提出された登録推薦書類は、オペレーショナル・ガイドラインズに示された手続きとスケジュールに従って、関係する諮問機関により1年半の間審査に付される。

登録基準
（Criteria for Inscription）

世界遺産の登録基準は、（ i ）～（ x ）の10の基準が設けられており、世界遺産登録には、いずれか一つ以上の登録基準を満たす必要がある。

登録推薦の撤回
（Withdrawal of nominations）

世界遺産条約締約国は、自らが提出した登録推薦書類の審議が予定されている世界遺産委員会開催前の任意の時点で、登録推薦を撤回することができる。その場合、世界遺産条約締約国は、登録推薦の撤回の意思についてユネスコ世界遺産センターに書面により通知すること。世界遺産条約締約国は、当該物件の登録推薦を（撤回後）再提出することができるが、その場合は、新規の登録推薦として、オペレーショナル・ガイドラインズに示した手続きとスケジュールに基づいて審査が行われる。

世界遺産関連用語　共通

登録範囲の軽微な変更
（Minor modifications to the boundaries）
登録範囲の軽微な変更とは、物件の範囲に重大な影響を及ぼさず、その「顕著な普遍的価値」に影響を与えない変更のことをいう。

登録範囲の重大な変更
（Significant modifications to the boundaries）
世界遺産条約締約国が「世界遺産リスト」にすでに登録されている物件の境界線に関する重大な変更を要望する場合は、世界遺産条約締約国は新規登録推薦と同様の手続きをとらなければならない。この再登録推薦書類の提出期限は2月1日で、1年半の審査サイクルに付される。この規定は、登録範囲の拡張（extensions）にも縮小（reductions）にも同様に適用される。

登録物件の範囲
（Area of nominated property）
登録物件の範囲は、基本的には、コア・ゾーンのことで、他に、バッファー・ゾーンを明示しなければならない。

特別敏感海域
（Particularly Sensitive Sea Area）
特別敏感海域とは、沿岸国が自国の排他的経済水域の特定の水域において、船舶からの汚染を防止するための拘束力を有する特別の措置をとることができる水域である。1991年に国際連合の専門機関の一つである国際海事機関（IMO本部ロンドン）の総会決議により指定され、そこでは、海洋汚染の防止の為、汚染物質の排出制限や船舶の航路指定などの関連保護手段（APM）を講ずることができる。略称PSSA。現在、グレートバリアリーフ〈勧告ベースの水先制度及び分離通航帯の導入〉、カナリー諸島〈分離通航帯、航行回避海域及び強制通報制度の導入〉、ガラパゴス諸島〈航行回避海域の導入〉、バルト海〈分離通航帯及び航行回避海域の導入〉などの海域が指定されている。このPSSA設定の根拠は海洋法条約第211条6項（a）。IUCN（国際自然保護連合）は、知床世界遺産登録地域の海域を海洋保護の観点からPSSAに指定することを勧告している。

ドルメン（Dolmen）
支石墓。新石器時代から青銅器時代にかけて世界各地で見られた巨石墓。支石を基礎として、その上に巨大な板石を載せる形態をとる。韓国の「高敞、和順、江華の支石墓」は、朝鮮半島における代表的なドルメン遺跡で、2000年に世界遺産に登録された。

ドレスデンのエルベ渓谷
（Dresden Elbe Valley）
ドレスデンのエルベ渓谷は、ドイツのザクセン州の州都ドレスデン（人口約50万人）を中心に、北西部のユービガウ城とオストラゲヘーデ・フェルトから南東部のピルニッツ宮殿とエルベ川島までの18kmのエルベ川流域に展開する。ドレスデンのエルベ渓谷には、18～19世紀の文化的景観が残っており2004年に世界遺産に登録された。ドレスデンは、かつてのザクセン王国の首都で、エルベのフィレンツェと称えられ、華麗な宮廷文化が輝くバロックの町で、16～20世紀の建築物や公園などが残っている。なかでも、19～20世紀の産業革命ゆかりの鉄橋、鉄道、世界最古の蒸気外輪船、それに造船所は今も使われている。2006年は、ドレスデン建都800年の記念すべき年であった。エルベ川の架橋計画による文化的景観の完全性の損失を理由に、2006年危機にさらされている世界遺産に登録された。また、2007年の第31回世界遺産委員会クライストチャーチ会議で、監視強化が要請された。2008年の第32回世界遺産委員会では、「ドレスデンのエルベ渓谷」の4車線のヴァルトシュリュスヘン橋の建設により文化的景観の完全性が損なわれるとして、世界遺産リストからの抹消も含めた審議を行ったが、橋の建設中止など地元での対応などを当面は静観し、世界遺産リストに留めることを決した。代替案としての地下トンネルの建設などによる景観保護が行われず、ヴァルトシュレスヒェン橋が建設され文化的景観景観の完全性が損なわれたので、2009年の第33回世界遺産委員会で世界遺産リストから削除・抹消された。

トンブクトゥー（Timbuktu）
トンブクトゥーは、マリの中部にある「ブクツー婦人」という意味をもち「黄金の都」と呼ば

れた町。9〜16世紀に興亡したソンガイ帝国など三大帝国時代に、サハラ砂漠で採れる岩塩とニジェール川上流の金の交易で繁栄を謳歌した。特に、14世紀以降は、イスラム文化が開花、100ものイスラムのコーラン学校やジンガリベリ・モスク、サンコレ・モスク、シディ・ヤヒヤ・モスクなどのモスクが建設され今に残る。1968年から1973年にかけて起きたサヘル地域の干ばつ、1984年の大干ばつによって被害を受け、また、サハラ砂漠から吹き寄せる砂により、耕地、道路、人家が埋没の危機にさらされており、ゴーストタウン化しつつあるトゥアレグ族の町も、100年後には、砂漠化するともいわれている。1990年に「危機にさらされている世界遺産」に登録されたが、管理計画の導入など改善措置が講じられた為、2005年に解除された。2008年の第32回世界遺産委員会ケベック・シティ会議で、トンブクトゥーのアハメド・ババ文化センター近くでの新建設の監視強化が要請された。

文化遺産（登録基準（ii）（iv）（v））
1988年登録

ニジニータギル憲章

ニジニータギル憲章とは、TICCIH（国際産業遺産保存委員会）産業遺産憲章のことである。2003年7月17日ロシア共和国ウラルの都市、ニジニータギルで開催されたTICCIH総会で「産業遺産ニジニータギル憲章」が制定された。この憲章は、ICOMOSによって批准され、最終的にはユネスコの承認の承認を受けて、産業遺産保存に関する国際的な基準となる重要な文書である。

20世紀の都市・建築

（Urban and Architecture of 20centry）
20世紀の都市・建築で、世界遺産リストに登録されているものとしては、ブラジルの「ブラジリア」（文化遺産 1987年登録）、スウェーデンの「スコースキュアコゴーデン」（文化遺産 1994年登録）、ドイツの「ワイマールおよびデッサウにあるバウハウスと関連遺産群」（文化遺産 1996年登録）、「ベルリンのモダニズムの集合住宅」（文化遺産 2008年登録）、スペインの「バルセロナのカタルーニャ音楽堂とサ

ン・パウ病院」（文化遺産 1997年登録）、ベルギーの「オルタ・ハウス」（文化遺産 2000年登録）、オランダの「リートフェルト・シュレーダー邸」（文化遺産 2000年登録）、ヴェネズエラの「カラカスの大学都市」（文化遺産2000年登録）、オーストラリアの「シドニーのオペラ・ハウス」（文化遺産 2007年登録）、メキシコの「メキシコ国立自治大学の中央大学都市キャンパス」（文化遺産 2007年登録）、ドイツの「ベルリンのモダニズムの集合住宅」（文化遺産 2008年登録）、「ル・コルビュジエの建築作品－近代化運動への顕著な貢献」（文化遺産 2016年登録）、「フランク・ロイド・ライトの20世紀の建築」（文化遺産 2019年登録）などがある。

日本の世界遺産条約締約

（ Japan's Ratification of World Heritage Convention）
日本が世界遺産条約を締約したのは、1992年（平成4年）。日本が20年間も世界遺産条約を締約しなかったのは、自然環境や文化財を自ら保護できている日本の場合には、世界遺産条約を締約してもメリットが少ないという考えが強かったからだといわれている。しかしながら、1992年に白神山地の自然保護に関心をもつ民間による「世界遺産に登録してその自然を残そう」という運動が契機となり、世界遺産条約を締約する運びとなった。そして、日本最初の世界遺産として、1993年に自然遺産としては、白神山地と屋久島、文化遺産としては、法隆寺と姫路城が登録された。

入島税（Entry fee）

来島者に対して一定の金額を課税することにより、環境保全や文化財保護に充当する法定外目的税。エクアドルのガラパゴス諸島では、外国人旅行者一人当り110米ドルを徴収し、全額自然環境の保全、インフラの整備に充てられている。世界遺産の厳島神社がある広島県廿日市市でも宮島への入島税を導入する方針を決めた。宮島を訪れる観光客らに1回につき100円を課税する。税収はトイレや無料Wi-Fiの整備などに

使い、近年増え続けてきた観光客の受け入れ環境を整える。2021年3月までに徴収方法など詳細を固め、同年4月以降に始める。

人間と生物圏（MAB）計画
（Man and Biosphere Programme）
人間と生物圏計画は、人間、その環境、人間と環境の相互作用の三つの要素を一つの研究テーマに取り込んだ事業として、1971年に発足、生態系とその生物多様性の保護を天然資源の持続可能な利用と結びつけ進めている。現在、世界95か国、425生物圏保存地域（日本は、屋久島、大台ヶ原・大峰山、白山、志賀高原）のネットワークを通じて運営されている。
略称　MAB

ヌビア遺跡群（Nubian Monuments）
ヌビア遺跡群は、エジプト南部のアスワン県を流れるナイル川の土手沿いのアブ・シンベルからフィラエまで展開する。古代にはクシュ王国と呼ばれたヌビアは、アスワンからカルツームまでのナイル川に沿った地域を指し、神なるファラオの権力の不滅を物語る古代遺跡群が数多く残っている。アブ・シンベルには、エジプト第19王朝のラムセス2世と王妃ネフェルタリに捧げられた大小2つの神殿からなる壮大な岩窟神殿、アブ・シンベル神殿が、また、ナイル川に浮かぶフィラエ島には、イシス女神に捧げられたフィラエ神殿があった。しかし、これらのヌビア遺跡群は、1960年代に、エジプト全土へ灌漑用水と電力を供給するアスワン・ハイダムの建設計画によって、ダム完成時に造られた貯水池のナセル湖に水没する危機に直面した。1959年のエジプトとスーダンの両政府からのアピールの後に、ユネスコは、国際的な保護キャンペーンを展開、1964年から1968年までの救済作業によって、アブ・シンベル神殿は、ドイツ、イタリア、フランス、スウェーデンの混成チームによって、神殿を約1036個のブロックに解体、62m上の丘に、元通りの位置関係のままで移築された。一方、フィラエ神殿は、1980年にフィラエ島からアギルキア島に移築され保護された。また、その後のイタリアの「ヴェネチアとその潟」、パキスタンの「モヘンジョダロの考古学遺跡」の救済、インドネシアの「ボロ

ブドール寺院遺跡群」の修復などの保護キャンペーンを導いた。結果的に、ユネスコは、イコモスの助力を得て、文化遺産の保護に関する条約のドラフトの準備を開始し、今日の「世界遺産」の理念が具体的になった。

熱帯林（Tropical Forests）
熱帯林は、赤道を中心に、寒気でも平均気温が18度以上ある地域に分布している。大陸別には、南アメリカのアマゾン流域と中央アメリカ、アフリカ中央部のコンゴ河流域、アジアのインドシナ半島や東南アジア・太平洋地域の島々に分布しています。また、降水量や気温の状況によって、熱帯多雨林、熱帯季節林、熱帯サバンナ林などに分類される。1960年から1990年までの30年間に、アジア地域で30%、アフリカとラテンアメリカではそれぞれ18%の熱帯林が失われたと言われている。世界の陸域の生物多様性の70%が熱帯林に含まれているとみられている。世界遺産リストには、総面積が30.6百万haにも及ぶ40以上の熱帯林が登録されている。世界遺産条約は、世界の生物多様性の保護に重要な役割を果たしている。世界遺産リストには、クィーンズランドの湿潤熱帯地域（オーストラリア）、ブラジルが発見された大西洋岸森林保護区（ブラジル）、ニンバ山厳正自然保護区（コートジボアール・ギニア）、ヴィルンガ国立公園（コンゴ民主共和国）、プエルト・プリンセサ地底川国立公園（フィリピン）、ウジュン・クロン国立公園（インドネシア）、ケニア山国立公園／自然林（ケニア）、カナイマ国立公園（ヴェネズエラ）などの熱帯林が登録されている。

熱帯林の減少
（Decrease of Tropical Forest）
熱帯林は、おおむね南北回帰線にはさまれた熱帯地域に分布する森林で、降雨量と期間の違いにより森林のタイプが熱帯多雨林、熱帯季節林、サバンナ林に大別される。過度な焼畑耕作、薪炭材の過剰採取、放牧地や農地などの転用、不適切な商業伐採などがこの熱帯林減少の直接原因と指摘されており、焼畑耕作が全体の45%と最も高い割合を占めている。地域的にみると熱帯アメリカでは焼畑耕作が35%を占め、

過放牧がそれに次ぐ。熱帯アフリカでは焼畑耕作が70％以上を占め、熱帯アジアでは焼畑耕作が49％を占める。燃料を多く材木に依存している開発途上国では、丸太生産量に占める薪炭材の割合が平均80％と高い値であり、用材は20％に過ぎない。熱帯多雨林域の高温多湿な気候は地球上で最も種の多様性に富んだ生態系を成立させており、地球上の生物種の半数がそこに生息すると言われている。また、熱帯林は地球上の生きた植物の現存量の50％強を占める巨大なバイオマスであるが、近年の森林破壊によってバイオマス中に蓄えられた炭素が大気中に放出され、地球温暖化を加速している可能性がある。

ネルソン・R・マンデラ （Nelson R. Mandela）

南アフリカ共和国元大統領。1918年生まれ。南アフリカの世界にも類のない白人優先、黒人差別のアパルトヘイト政策（人種隔離）に反対し、長年、黒人解放の為に闘い続け、自由への道を開いた。1964年無期懲役の判決を受け、ロベン島での獄中生活など苦難と抑圧の一方、様々な人に支えられて、一人の人間の信念が南アフリカの歴史、そして世界を大きく変え、多くの人に勇気を与えた。ネルソン・マンデラが18年間収容されていたロベン島は、2000年に世界遺産登録された。

バガン （Bagan）

バガンは、ミャンマーの中央部、マンダレー地方にある考古学地域と記念建造物群。登録面積が5005.49ha、バッファーゾーンが18146.83ha、構成資産は、7件からなる。バガンは、カンボジアのアンコール・ワット、インドネシアのボロブドゥールと共に、世界三大仏教遺跡の一つとされ、エーヤワディー川（イラワジ川）の中流域の東岸の平野部一帯に、11世紀～13世紀のバガン時代の仏教の芸術と建築を物語る大小さまざまなパゴダ＜仏塔（ストゥーパ）＞などの仏教遺跡が林立し神聖な文化的景観を形成している。バガンとは、広くこの遺跡群のある地域を指し、ミャンマー屈指の仏教の聖地で巡礼地である。その一部の城壁に囲まれたオールド・バガンは、考古学保護区に指定されている。点在する3000を超えるといわれてい

るパゴダや寺院のほとんどはバガン時代（11世紀から13世紀）に建てられたもので、大小様々である。本来は、漆喰により仕上げられた鮮やかな白色をしているが、管理者のない仏塔は漆喰が剥がれレンガの赤茶色の外観となっている。バガン遺跡は1995年に時の軍事政権が登録を目指したが、第21回世界遺産委員会で「情報照会」と決議された為、実に20年以上の猶予を経ての世界遺産登録の実現となった。
文化遺産（登録基準 （ⅲ）（ⅳ）（ⅵ）） 2019年

ハーグ条約 （Hague Convention）

ハーグ条約は、1954年5月にハーグで採択された。国家間の紛争、国内の紛争いずれにも適用される。正式条約名は、「武力紛争の際の文化財の保護のための条約」。

バビロン （Babylon）

バビロンは、イラクの中部、バグダッドの南90kmのユーフラテス川両岸にある古代メソポタミア文明の中心で城郭都市として栄えた。登録面積は1054.3ha、バッファーゾーンは154.5ha、紀元前18世紀のハンムラビ時代からヘレニズム時代に至るまでオリエント文明の中心であった。バビロンは、新バビロニア帝国初代の王（在位紀元前 626～紀元前605年）であるナボポラッサルによりメソポタミア南部のバビロニアを中心に建国され、アケメネス朝ペルシアの初代国王キュロス2世（紀元前600年頃～紀元前529年）によって征服されるまで、地中海沿岸地域に至る広大な領土を支配した新バビロニア帝国（紀元前625年～紀元前539年）の首都であった。守護神のマルドゥクのジッグラト（方形の塔）は「バベルの塔」（バベルはヘブライ語で「混乱」の意）は、「空中庭園」、「イシュタル門」などと共に有名である。現在の遺跡は四つの遺跡丘からなり、発掘された遺構は、ほとんどがネブカドネザル2世が造営したものである。メソポタミアの古代都市バビロンは、巨大城壁や空中庭園の伝説で知られ、世界7不思議にも数えられている。1983年から30年以上にわたって、バビロン遺跡の世界遺産登録を目指してきたイラクの努力がようやく実った。ユネスコは、バビロン遺跡について「フセイン政権時代やイラク戦争中に激しい損傷を受け、その

後も武装勢力の影響などで、遺跡の発掘調査や修復活動が思うように進んでいない。」として「危機遺産」登録も検討したが、世界遺産への登録を追い風に発掘調査をさらに進め、地域の復興につなげたいイラク政府からの意向もあり見送った。今後の課題としては、地元当局と共に遺跡保護に向けた行動計画を策定しこの遺跡をいかに守っていくかである。
文化遺産（登録基準（iii）（vi）） 2019年

バラ憲章（Burra Charter）
バラ憲章とは、オーストラリアの遺産地保護の基本原則や手続きを定義している。1979年に、オーストラリアの文化的な重要な場所の保護に関わるイコモス憲章は、南オーストラリアの歴史的な鉱山都市バラで採択されたことから、バラ憲章と呼ばれる様になった。バラ憲章は、ヴェネチア憲章の理念を受け入れたものであるが、オーストラリア用に書き換えたものである。バラ憲章では、遺産の修理の段階を保存（Preservation）、修復（Restoration）、再建（Reconstruction）の3つに区別している。

パレスチナ（Palestine）
パレスチナは、2011年に世界遺産条約を締約、現在、次の3つの物件が「世界遺産リスト」に登録されている。いずれも文化遺産。（1）イエスの生誕地：ベツレヘムの聖誕教会と巡礼の道（Birthplace of Jesus: Church of the Nativity and the Pilgrimage Route, Bethlehem）2012年（2）オリーブとワインの地パレスチナ-エルサレム南部バティール村の文化的景観（Palestine:Land of Olives and Vines- Cultural Landscape of Southern Jerusalem, Battir）2014年（3）ヘブロン/アル・ハリールの旧市街（Hebron/Al-Khalil Old Town）2017年

ハンザ同盟（Deutsche Hansa）
北ドイツの都市連盟。13世紀に成立、17世紀にかけて共同の陸海軍を所有、バルト海沿岸の貿易を独占しヨーロッパ北部の経済圏を支配した。同盟はドイツだけでなく、イングランドのロンドン、ロシアのノヴゴロド、ノルウェーのベルゲン、ベルギーのブルージュの4都市を根拠地として拡大、その勢力は、ヨーロッパ内陸部

から地中海にまで及び、15世紀の最盛期には加盟都市は200を越えた。ドイツのリューベック、ブレーメン、シュトラールズントなどをはじめ、エストニアのターリン、ラトヴィアのリガなどの都市もハンザ同盟都市として発展した。

パンテオン（Pantheon）
ローマの神々をまつった神殿。万有神殿。

万人のための教育（Education for All）
万人のための教育とは、今なお世界中に、読み・書き・そろばん（計算）といった基礎教育を受けられない立場にある者が多いなかで、各国が協力しながら、国連ミレニアム開発目標に基づいて、2015年までに世界中の全ての人たちが初等教育を受けられる、字が読めるようになる識字環境を整備しようとする取り組みである。1990年、タイのジョムティエンにおいて、ユネスコ、ユニセフ、世界銀行、国連開発計画の主催により、万人のための教育世界会議が開催され、初等教育の普遍化、教育の場における男女の就学差の是正等を目標として掲げた、万人のための教育宣言及び基礎的な学習ニーズを満たすための行動の枠組みが決議された。しかしながら、その後10年を経て、万人のための教育の達成には程遠い状況であることから、2000年4月26日〜28日の間、セネガルのダカールにおいて、ユネスコ、ユニセフ、国連開発計画、国連人口基金及び世界銀行の主催により、世界教育フォーラムが開催され、ジョムティエン会議後の万人のための教育の進捗状況を把握し、今後の展開の方向性等に関する討議が行われた。そして、その討議結果は、ダカール行動枠組みとして採択された。**略称　EFA**

ビキニ環礁核実験地（Bikini Atoll Nuclear Test Site）
ビキニ環礁核実験地は、太平洋の中央部、ミクロネシアのマーシャル諸島、ラリック列島にある小さな環礁で、核時代の幕開けの象徴、それに、核兵器の惨禍を伝える実験場である。ビキニ環礁では、アメリカ合衆国によって、第二次世界大戦後間もない冷戦時代の1946年から1958年にかけて、67回の核実験が行われた。1946年

7月には、アメリカ軍が接収した日本海軍の戦艦長門など大小71隻の艦艇を標的とするクロスロード作戦と呼ばれた原子爆弾の実験、1952年には、最初の、そして、1954年3月1日には、キャッスル作戦、ブラボーと名づけた水素爆弾（水爆）の実験が行われ、日本のマグロ漁船・第五福竜丸をはじめ約1000隻以上の漁船、ビキニ環礁から約240km離れたロングラップ環礁にも死の灰が降り積もり、島民64人が被曝した。2008年4月、オーストラリア研究会議（ARC）では、ビキニ環礁のサンゴ礁の現状について、ビキニ環礁の面積の80%のサンゴ礁が回復しているが、28種のサンゴが原水爆実験で絶滅したと発表されている。ビキニ環礁核実験地は、広島、長崎に続く核兵器による被害、なかでも、死の灰による被曝問題を世界的に告発し、原水爆禁止運動の出発点ともなった。広島の原子爆弾の7000倍の破壊力をもった核実験が行われた跡にできたクレーターなどの傷痕は、地球の楽園で行われた核使用の恐怖と核廃絶の必要性と平和の大切さを逆説的に物語る人類の負の遺産である。
文化遺産（登録基準(iv)(vi)）　2010年

ヒンドゥー教（Hinduism）
紀元前後以降、バラモン教がインド各地の民間信仰や仏教の一部をも取り入れて成立した宗教。主にシヴァ神、ヴィシュヌ神を崇拝する多神教。

複合遺産（Cultural and Natural Heritage）
自然遺産と文化遺産の両方の要件を満たしている物件が複合遺産で、最初から複合遺産として登録される場合と、はじめに、自然遺産、あるいは、文化遺産として登録され、その後、もう一方の遺産としても評価されて複合遺産となる場合がある。世界遺産条約の本旨である自然と文化との結びつきを代表する複合遺産の数は、2020年5月現在、39物件。ワディ・ラム保護区（ヨルダン）、カンチェンジュンガ国立公園（インド）、泰山（中国）、チャンアン景観遺産群（ヴェトナム）、ウルル・カタジュタ国立公園（オーストラリア）、トンガリロ国立公園（ニュージーランド）、ギョレメ国立公園とカッパドキア（トルコ）、メテオラ（ギリシャ）、ピレネー地方－ペ

ルデュー山（フランス／スペイン）、ティカル国立公園（グアテマラ）、マチュ・ピチュの歴史保護区（ペルー）、パラチとイーリャ・グランデー文化と生物多様性（ブラジル）などが代表的な物件。

複数国にまたがる世界遺産
（Transboundary nomination）
複数国にまたがる世界遺産とは、隣接する複数の世界遺産条約締約国の領域にまたがって、登録推薦物件が分布する場合の登録推薦をいう。複数国にまたがる世界遺産は、異なる世界遺産条約締約国の領域にまたがるシリアル・ノミネーション、すなわち、連続性のある物件である。国境をまたぐ物件の登録推薦書類は、できる限り、関係世界遺産条約締約国が世界遺産条約第11.3条に則り共同で作成し、共同で提出することが望ましい。また、関係締約国が、共同管理委員会または同様の機関を設立して国境をまたぐ物件全体の管理を監督することが強く推奨される。現在1国内にある世界遺産でも、拡張によって国境をまたぐ物件となる場合がある。2020年5月現在、国境をまたぐ複数国にまたがる世界遺産は39物件あり、その中には、「カルパチア山脈とヨーロッパの他の地域の原生ブナ林群」（自然遺産　2007年／2011年／2017年登録）のようにウクライナ、スロヴァキア、ドイツ、アルバニア、オーストリア、ベルギー、ブルガリア、クロアチア、イタリア、ルーマニア、スロヴェニア、スペインの12か国に、「シュトルーヴェの測地弧」（文化遺産　2005年登録）のように、ノルウェー、スウェーデン、フィンランド、エストニア、ラトヴィア、リトアニア、ロシア連邦、ベラルーシ、ウクライナ、モルドヴァの10か国にわたって分布する物件もある。

仏教（Buddhism）
前5世紀ころ釈迦が創唱した世界宗教。キリスト教、イスラム教と共に世界三大宗教のひとつ。

ブッダ（仏陀）（Buddha）
悟りを開いた者のことで、一般には、釈迦（ガウタマ・シダールタ）をさす。

世界遺産関連用語　共通

不登録決議（Decision not to inscribe）

推薦物件が「世界遺産リスト」へ登録するのにふさわしくないと世界遺産委員会が判断した場合は、当該物件の登録を再度推薦することは、例外的な場合を除き認められない。例外的な場合とは、新たな発見や当該物件についての新たな科学的情報が得られた場合、または最初の登録推薦時には提示されなかった別の基準により登録推薦する場合等である。このような場合には、新たな登録推薦書類を作成し提出すること。

負の遺産
（Legacy of Tragedy）

世界遺産は、本来、人類が残した偉大で賞賛すべき、顕著な普遍的価値を持つ真正なものばかりであるが、逆に、人類が冒した、二度と繰り返してはならない悲劇の証左ともいえる「負の遺産」もある。これらには、植民地主義時代の列強による奴隷貿易基地となったセネガルの「ゴレ島」、先住民にとっては隷属の象徴であったボリビアの「ポトシ銀山」、先住民から略奪した金、銀、財宝が積み出されたコロンビアの「カルタヘナ」、暗黒の奴隷時代を現在に伝えるキューバの「インヘニオス渓谷」、ゲレザ（牢獄）の要塞などが残るタンザニアの「キルワ・キシワーニ」、第二次世界大戦中、罪なき多くの人々が大量虐殺されたポーランドの「アウシュヴィッツ・ビルケナウのナチス・ドイツ強制・絶滅収容所（1940-1945）」、核兵器の惨禍を如実に物語る「広島平和記念碑（原爆ドーム）」などがある。

フランク・ロイド・ライトの20世紀の建築
（The 20th-Century Architecture of Frank Lloyd Wright）

フランク・ロイド・ライトの20世紀の建築は、アメリカ合衆国の各地にある作品群である。登録面積が26.369ha、バッファーゾーンが710.103ha、構成資産は、ユニティ・テンプル（イリノイ州オークパーク1908年）、フレデリック・C・ロビー邸（1906年　シカゴ　イリノイ州）、タリアセン（ウィスコンシン州スプリング・グリーン1914年）、ハリホック・ハウス（カリフォルニア州ロサンゼルス　1921年）、落水荘（ペンシルバニア州ミル・ラン　1936

年）、ハーバート・キャサリン・ジェイコブズ・ハウス（ウィスコンシン州マディソン1937年）、タリアセン（ウィスコンシン州スプリング・グリーン1914年）、ソロモン・R・グッゲンハイム美術館（ニューヨーク州ニューヨーク1959年）の8件からなる。フランク・ロイド・ライト（1867年6月8日　～1959年4月9日）は、アメリカの建築家で、アメリカ大陸に多くの建築作品があり、日本にもいくつか作品を残している。ル・コルビュジエ、ミース・ファン・デル・ローエと共に「近代建築の三大巨匠」と呼ばれる（ヴァルター・グロピウスを加え四大巨匠とみなすこともある）。1930年代にユーソニアン住宅にカーポートを設置し、初めて「カーポート」と呼んだ名付け親でもある。将来的な登録範囲の拡大の可能性として、米国内の5つの建築作品に加え、わが国の旧山邑家住宅(芦屋市　国の重要文化財)が挙げられている。

文化遺産（登録基準(ii)）　2019年

プレア・ヴィヒア寺院
（Temple of Preah Vihear）

プレア・ヴィヒア寺院は、カンボジアとタイとの国境、カンボジア平野の高原の端にあるヒンズー教の最高神シヴァ神を祀る聖域を形成する宗教建築物群である。プレア・ヴィヒア寺院は、11世紀の前半、クメール王朝のスーリヤヴァルマン2世の時代に建設されたが、その複雑な歴史はクメール王国が創建された9世紀に遡る。プレア・ヴィヒア寺院は、タイとカンボジアの国境に近い遠隔地にある為、特に、良く保存されている。広大な平野とダンレック山脈を見渡せる断崖のある岬にあること、また、その建築の質は、自然環境と寺院の宗教的な機能に適合していること、それに、類いない山岳寺院の石彫の装飾の質があげられる。プレア・ヴィヒア寺院は、カンボジアとタイの国境に位置し、長年両国間でその領有権が争われてきたが、国際司法裁判所が1962年にカンボジア領と判断していた。世界遺産登録を巡り、両国の摩擦が再燃、タイ政府は、カンボジア政府による登録申請に一旦は合意したものの、タイの野党や市民団体が激しく反発、行政裁判所が政府決定を差し止めていた。タイ側では、カンボジア

単独での登録に反発する声が依然根強く、容認したノパドン外相は国内批判を受けて、2008年7月10日辞任に追い込まれた。新たな国境紛争へ発展することが懸念される。
文化遺産（登録基準（i））　2008年登録

文化遺産（Cultural Heritage）
文化遺産とは、歴史上、芸術上、または、学術上、「顕著な普遍的価値」（Outstanding Universal Value）を有する記念物、建築物群、記念的意義を有する彫刻および絵画、考古学的な性質の物件および構造物、金石文、洞穴居ならびにこれらの物件の組合せで、歴史的、芸術上、または、学術上、「顕著な普遍的価値」を有するものをいう。人類の英知と人間活動の所産を様々な形で語り続ける顕著な普遍的価値をもつ遺跡、建造物群、モニュメントなどの文化遺産の数は、2020年5月現在、869物件。
モンバサのジーザス要塞（ケニア）、メンフィスとそのネクロポリス／ギザからダハシュールまでのピラミッド地帯（エジプト）、バビロン（イラク）、ペルセポリス（イラン）、サマルカンド（ウズベキスタン）、タージ・マハル（インド）、アンコール（カンボジア）、万里の長城（中国）、高句麗古墳群（北朝鮮）、古都京都の文化財（日本）、厳島神社（日本）、白川郷と五箇山の合掌造り集落（日本）、アテネのアクロポリス（ギリシャ）、ローマ歴史地区（イタリア）、ヴェルサイユ宮殿と庭園（フランス）、アルタミラ洞窟（スペイン）、ストーンヘンジ（英国）、ライン川上中流域の渓谷（ドイツ）、プラハの歴史地区（チェコ）、アウシュヴィッツ強制収容所（ポーランド）、クレムリンと赤の広場（ロシア連邦）、自由の女神像（アメリカ合衆国）、テオティワカン古代都市（メキシコ）、クスコ市街（ペルー）、ブラジリア（ブラジル）、ウマワカの渓谷（アルゼンチン）などがその代表的な物件。

文化遺産の登録基準（Cultural Criteria）
文化遺産関係の登録基準は、（i）～（x）の登録基準のうち、（i）～（vi）にあたる。
（i）人類の創造的天才の傑作を表現するもの。
（ii）ある期間を通じて、または、ある文化圏において、建築、技術、記念碑的芸術、

町並み計画、景観デザインの発展に関し、人類の価値の重要な交流を示すもの。
（iii）現存する、または、消滅した文化的伝統、または、文明の、唯一の、または、少なくとも稀な証拠となるもの。
（iv）人類の歴史上重要な時代を例証する、ある形式の建造物、建築物群、技術の集積、または、景観の顕著な例。
（v）特に、回復困難な変化の影響下で損傷されやすい状態にある場合における、ある文化（または、複数の文化）、或は、環境と人間との相互作用、を代表する伝統的集落、または、土地利用の顕著な例。
（vi）顕著な普遍的な意義を有する出来事、現存する伝統、思想、信仰、または、芸術的、文学的作品と、直接に、または、明白に関連するもの。委員会は、この登録基準は、他の基準と一緒に適用されることが望ましいと考える。

文化財（Cultural Properties）
文化財は、それぞれの国の長い歴史の中で生まれ、育まれ、今日の世代に守り伝えられてきた財産。これらは、それぞれの国の歴史、伝統、文化等の理解のために欠くことができないものであるとともに、将来の国の文化的発展の基礎をなすものである。また、文化財は、諸民族の交流により形成され、今日に伝えられてきた人類共通の貴重な財産。このため、文化財保護に関する国際協力は、世界の文化の多様な発展に寄与することでもある。

文化財の不法な輸入、輸出及び所有権移転を禁止し及び防止する手段に関する条約
（Convention on the Means of Prohibiting and Preventing the Illicit Import, Export and Transfer of Ownership of Cultural Property）
文化財の不法な輸入、輸出及び所有権移転を禁止し及び防止する手段に関する条約は、1970年11月14日、ユネスコ第16回総会で採択され、1972年4月24日に発効。この条約のは、①他の締約国の博物館等から盗取された文化財（所蔵品目録に属することが証明されたものに限る）

世界遺産関連用語　共通

の輸入を禁止する。②原産国である締約国の要請により①の文化財の回復及び返還について適当な措置をとる。ただし、善意の購入者に対して適正な補償金が支払われることを条件とする。③自国の文化財の輸出には許可を受けることを義務付け、輸出許可書の無いものの輸出を禁止するなどを主な内容としている。2020年5月現在140か国が締結。日本がこの条約を締結したのは最近で、2002年12月9日に条約が発効した。

略称　文化財不法輸出入等禁止条約
通称　ユネスコ条約

文化財の保全と活用
（Preserving and Utilizing Cultural Properties）
文化財は、保存するだけでなく、それをどう活用していくかが重要である。このことは、観光開発と密接に結びつく問題でもある。従って、エコ・ツーリズムやカルチュラル・ツーリズムについての調査研究とヘリティッジ・ツーリズムの理念の構築なども重要な課題である。

文化的景観（Cultural Landscape）
文化的景観とは、「人間と自然環境との共同作品」とも言える景観。文化遺産と自然遺産との中間的な存在で、現在は文化遺産の分類に含められており、次の三つのカテゴリーに分類することができる。
1）庭園、公園など人間によって意図的に設計され創造されたと明らかに定義できる景観
2）棚田など農林水産業などの産業と関連した有機的に進化する景観で、次の2つのサブ・カテゴリーに分けられる。
　①残存する（或は化石）景観
　　（a relict (or fossil) landscape）
　②継続中の景観（continuing landscape）
3）聖山など自然的要素が強い宗教、芸術、文化などの事象と関連する文化的景観
コンソ族の文化的景観（エチオピア）、アハサー・オアシス、進化する文化的景観（サウジアラビア）、オルホン渓谷の文化的景観（モンゴル）、杭州西湖の文化的景観（中国）、紀伊山地の霊場と参詣道（日本）、石見銀山遺跡とその文化的景観（日本）、バジ・ビムの文化的景観（オーストラリア）、フィリピンのコルディリェラ山脈の棚田（フィリ

ピン）、シンクヴェトリル国立公園（アイスランド）、シントラの文化的景観（ポルトガル）、グラン・カナリア島の文化的景観のリスコ・カイド洞窟と聖山群（スペイン）、ザルツカンマーグート地方のハルシュタットとダッハシュタインの文化的景観（オーストリア）、トカイ・ワイン地方の歴史的・文化的景観（ハンガリー）、ペルガモンとその多層的な文化的景観（トルコ）、ヴィニャーレス渓谷（キューバ）、パンプーリャ湖近代建築群（ブラジル）などがこの範疇に入る。

文化的表現の多様性の保護及び促進に関する条約
（Convention on the Protection and Promotion of the Diversity of Cultural Expressions）
文化的表現の多様性の保護及び促進に関する条約は、2005年（平成17年）10月に開催された第32回ユネスコ総会で採択された。この条約の目的は、（1）文化的表現の多様性を保護し促進すること。（2）相互に有益な方法により、文化を繁栄させ、自由に相互に作用させるための条件を創出すること。（3）異文化間の尊重及び平和の文化のために世界における一層広範で均衡のとれた文化交流を確保するため文化間の対話を奨励すること。（4）人民の間に橋を架ける精神に従って文化的な相互作用を発展させるために文化相互性を育成すること。（5）文化的表現の多様性を尊重することを促進し、その価値に関する意識を地域的、国内的、国際的に高めること。（6）すべての国、特に、開発途上国のため文化と開発との関係が重要であることを再確認すること並びにその関係の真価を認識することを確保するため国内で及び国際的にとられた行動を支援すること。（7）個性、価値観及び意義の伝達手段としての文化的な活動、物品及びサービスの特有の性質を認識すること。（8）自国の領域内で文化的表現の多様性を保護し、促進するために国が適当と認める政策及び措置を維持し、採用し、実施するための国の主権的権利を再確認すること。（9）文化的表現の多様性を保護し、促進するため、特に、開発途上国の能力を向上させるために連携の精神をもって、国際協力並びに連帯を強化することである。

文化と自然の遺産の保護の連結
（Linking the Protection of Cultural and Natural Hheritage）

文化遺産と自然遺産の保護を結びつける考えは、アメリカ合衆国からである。1965年、ワシントンD.C.でのホワイト・ハウス会議は、全世界の市民の現在と未来の為の世界の素晴らしい自然と風景地域、歴史的な遺跡を保護する為の国際協力を喚起する「世界遺産トラスト」の設置を呼びかけた。1968年、IUCN（国際自然保護連合）は会員に向けて同様の提案を展開した。これらの提案は、1972年のストックホルムでの、国連の会議に提出された。結果的に、全ての関係機関の賛同を得て、1972年11月16日、ユネスコ総会で、「世界の文化と自然の遺産の保護に関する条約」（世界遺産条約）が採択された。文化と自然の両方を遺産とみなすことによって、世界遺産条約は、私たちに文化と自然を等しく保護する必要性を思い起こさせてくれる。

文献資料（Bibliography）
文献資料とは、推薦物件に関わる参考文献である。

法的情報（Juridical Data）
法的情報とは、推薦物件に関わる法律や政令、それに、土地利用計画、都市開発計画、地域開発計画、その他の基本計画などの情報。

保護管理措置
（Measurement of Conservation and Management）

保護管理措置とは、適切な立法措置、人員確保、資金準備、および、管理計画などが含まれる。ユネスコの世界遺産に登録される為の要件の一つとして、世界遺産としての価値を将来にわたって継承していく為の保護管理措置が講じられている必要がある。

保護地域（Protected Areas）
保護地域とは、生物多様性や自然・文化的資源の保護と管理を目的にして、法やその他の効果的な手段によって管理される陸域や海域で、厳正自然保護地域、原生地域、国立公園、天然記念物、生息地・種管理地域、景観保護地域、管理資源保護地域の6つに分類される。どの類型も持続可能な保全、管理のためには必要なもので、それぞれ特定の役割を持っている。各国は、その国の状況にあった、すべての類型を含む保護地域のシステムを整えることが望ましいとされている。2003年3月26日から30日まで、スペインのマドリッドで、「地中海保護地域会議」が、2003年9月8日から17日まで、南アフリカのダーバンで、「IUCN第5回世界国立公園会議"ベネフィットは境界を越えて（Benefits Beyond Boundaries）"」（IUCN第5回保護地域に関する世界会議）が開催された。IUCN第6回世界国立公園会議は、2014年にオーストラリアのシドニーで開催された。

保全（Safeguarding）
保全とは、保護、保存、修復、改修、維持、および、蘇生をいう。

保全状況報告
英語の State of Conservationの頭文字をとってSOC報告とも呼ばれる。何らかの脅威に脅かされている特定の世界遺産資産の保全状況について、事務局及び他のUNESCOのセクター、委員会諮問機関や、各締約国が世界遺産委員会の要請に基づいて行う。
a) 世界遺産リストに記載された遺産については、世界遺産委員会が当該遺産の審査を行う年の前年の 12月1日まで
b) 危機遺産リストに登録されている遺産、及び緊急を要する特定の事例については、世界遺産委員会が当該遺産の審査を行う年の12月1日までに提出する。

松浦 晃一郎（Kohichiro MATSUURA）
ユネスコ（国際連合教育科学文化機関）事務局長。1937年生、山口県出身、1958年外務省入省後、北米局長、外務審議官、駐フランス大使等歴任。1999年から、アジア出身者としては初めてのユネスコ事務局長に就任。2005年10月の第33回ユネスコ総会で再選され任期は2009年の第35回ユネスコ総会までの4年間、通算10年間、務められた。

マチュ・ピチュの歴史保護区
（Historic Sanctuary of Machu Picchu）

マチュ・ピチュは、ペルー南部、インカ帝国の

世界遺産関連用語 共通

首都であったクスコの北約114km、アンデス中央部を流れるウルバンバ川上流の緑鮮やかな熱帯雨林に覆われた山岳地帯、標高2280mの四方を絶壁で隔てられた自然の要害の地にあるかつてのインカ帝国の要塞都市。空中からしかマチュ・ピチュ（老いた峰）とワイナ・ピチュ（若い峰）の稜線上に展開する神殿、宮殿、集落遺跡、段々畑などの全貌を確認出来ないため、「謎の空中都市」とも言われている。総面積5km²の約半分は斜面、高さ5m、厚さ1.8mの城壁に囲まれ、太陽の神殿、王女の宮殿、集落遺跡、棚田、井戸、排水溝、墓跡などが残る。日時計であったとも、生贄を捧げた祭壇であったとも考えられているインティワタナなど高度なインカ文明と祭祀センターが存在したことがわかる形跡が至る所に見られ、当時は、完全な自給自足体制がとられていたものと思われる。アメリカの考古学者ハイラム・ビンガムが1911年に発見、長らく発見されなかったためスペインの征服者などからの侵略や破壊をまぬがれた。また、マチュ・ピチュは、段々畑で草を食むリャマの光景が印象的であるが、周囲の森林には、絶滅の危機にさらされているアンデス・イワドリやオセロット、それに、珍獣のメガネグマも生息している。2008年の第32回世界遺産委員会ケベック・シティ会議で、森林伐採、地滑りの危険、無秩序な都市開発と聖域への不法侵入の監視強化が要請された。

複合遺産（登録基準(i)（iii）（vii）（ix））
1983年登録

マドラサ（Madrasa）

マドラサとは、学校、教育施設をさすアラビア語。メドレセともいう。イスラム世界では、11世紀に制度的に確立し、高等教育機関として普及した。859年に設立されたモロッコのフェズのアル・カラウィーン大学が世界最古のマドラサといわれている。

マングローブ（Mangrove）

マングローブとは、気温の年較差の少ない南北両回帰線間にはさまれた熱帯、亜熱帯にはえる木本植物の群落であり、海岸、河口、入江などの静かな海水、汽水域に生育する。近年、生育地域の発展途上国では、エビの養殖場所の確保、現地住民の建築用材、燃料としての伐採や

コンピュータ用などの高級パルプ原料としての輸出、焼き畑農業によりマングローブ林が減少し続けている。マングローブ林は、単に植生域としてだけではなく、多くの魚介類の棲息に深く寄与しており、その減少は発展途上国の自然環境の保全、水産資源の確保に対し極めて憂慮される状況にある。世界遺産リストにもマングローブがはえる熱帯林が数多く登録されている。

ミナレット（Minaret）

モスクに付随して礼拝の時刻を知らせる塔。アラビア語では、マナール（マナーラ）といい、南アジアでは、ミナールとも呼ばれている。アフガニスタンの「ジャムのミナレット」やインドの「クトゥブ・ミナール」などが、世界遺産登録されている。

無形文化遺産保護条約
（Convention for the Safeguarding of the Intangible Cultural Heritage）

無形文化遺産保護条約は、2003年10月17日のユネスコ総会で採択され2006年4月に発効した。無形文化遺産保護条約は、無形文化遺産の重要性への認識を高め、多様な無形文化遺産を尊重、消滅の危険性がある無形文化遺産を保護することが目的で、2020年5月現在の締約国の数は178国、日本は、2004年6月15日、世界で3番目に締約した。無形遺産リスト（Intangible Heritage Lists）には、世界遺産の「世界遺産リスト」に相当する「代表リスト」（Representative List）と「危機にさらされている世界遺産リスト」に相当する「緊急保護リスト」（Urgent Safeguarding List）の2種類がある。「代表リスト」への記載は、世界遺産とは異なり、専門機関による価値の評価は行われず、無形文化遺産保護条約履行の為の案内ガイドであるオペレーショナル・ディレクティブス（Operational Directives）に基づいて、書類審査のみで、「代表リスト」への記載の可否が決まる。ユネスコが無形文化遺産保護条約の発効前に、「人類の口承および無形遺産に関する傑作」の宣言をしている「能楽」、「人形浄瑠璃文楽」、「歌舞伎」の3件は、自動的に「代表リスト」に記載される。

ムハンマド（Muhammad）

570頃～632年。イスラム教の創始者。610年に神の啓示を受け預言者として活動を開始、630年にはメッカを征服し、やがてアラビア半島を支配した。

メシア（Messiah）

ユダヤ教の救世主。他の宗教でも人々を救うものを表わし、キリスト教ではイエスを意味する。

メディナ（Medina）

メディナとは、アラビア語で、「旧市街」の意味。メディナは、厚い城壁に囲まれ、内部は敵の侵入を防ぐために、迷路のようになっている。世界遺産では、モロッコの「マラケシュのメディナ」、チュニジアの「チュニスのメディナ」などが有名。サウジアラビアには、ムハンマドゆかりのメディナという都市もある。

メヒティルト・ロスラー
（Dr. Mechtild Rössler）

ユネスコ世界遺産センター所長。専門分野　文化・自然遺産、計画史、文化地理学、地球科学など。1991年からユネスコに奉職、1992年からユネスコ世界遺産センター、2003年から副所長を経て2015年9月から～現職、文化局・文化遺産部長兼務　ドイツ出身。

メモリー・オブ・ザ・ワールド
（Memory of the World）

ユネスコは、1992年に世界の言語、民族、文化の多様性を反映する史料遺産を保存し、利用することによって、史料遺産を保護し、促進することを目的として、世界の史料遺産プログラムを開始した。このプログラムの目的は、ユネスコ加盟国が自国の史料遺産についての認識を高め、国の史料遺産を保護する上で、国、団体、国民の利益を呼び起こすこと、世界的に、または、国単位で、または、地域的に意義のある史料遺産の保存を奨励すること、史料遺産ができるだけ多くの人に利用できるようにすること、コンパクト・ディスク、ウェブサイト、アルバム、本、ポストカードなどの製品を作成し、史料遺産の概念を促進することなど。世界の史料遺産は、「史料遺産を保護する為の一般的なガイドライン」で規定されている選定基準に基づいて、2年毎に開催される国際諮問委員会（略称IAC）で、普遍的な重要性を有する史料遺産が選定されてきた。2020年5月現在、中国の「清王朝の記録」、韓国の「朝鮮王朝史」、オランダの「東インド会社の記録」、ドイツの「ベートーベンの交響曲第九番の草稿」、ノルウェーの「アムンゼンの南極探検」、エジプトの「スエズ運河の史料」など世界の124の国と地域の419件、その他（国際機関・NGO）の8件の合計427件が登録されている。略称　MOW

モアイの石像
（Stone figures known as Moai）

モアイの石像は、チリの首都サンチアゴから西へ3760km、南太平洋上の火山島であるイースター島のラパ・ヌイ国立公園内の海岸沿いに立っている。ユネスコの世界遺産リストでは、「ラパ・ヌイ国立公園」（文化遺産　1995年　チリ）として登録されている。モアイの石像は、10～16世紀にかけて、各部族または血族の神化された先祖の象徴（村の守り神）として造られたといわれている。2003年1月、日本人観光客がモアイの石像に名前を彫り込み、地元警察に文化財法違反で逮捕され問題になった。

モスク（Mosque）

モスクとは、イスラム教の礼拝堂のこと。アラビア語では、「ひざまずく場所」の意味のマスジドという。イスラム帝国がスペインを占領した時、スペイン語でメスキータとなり、英語では更に訛ってモスクとなったと言われる。モスクは、ヨーロッパや日本における呼び名である。

モーセ（Moses）

古代ヘブライの伝説の預言者。「出エジプト」を指導し、その途中シナイ山で十戒を示した。十戒は、後のユダヤ教の律法の基本となった。

モニタリング
（Reactive Monitoring）

世界遺産に登録された物件の保全状況を監視

し、適切な措置を講じることは、世界遺産委員会の重要な役割の一つである。災害による損壊や、世界遺産の区域内、または、近隣における開発事業、武力紛争などが問題になる。問題が生じた世界遺産については、ユネスコ世界遺産センターやICOMOSやIUCNなどの助言機関の報告に基づき、世界遺産委員会ビューロー会議、または、世界遺産委員会が保全状況の審査を行い、必要に応じて、締約国に対する是正措置の勧告や実態を調査する為のミッションの派遣などが行われる。この世界遺産が、重大かつ特別な危険にさらされていて、保全の為に大規模な措置や国際援助が必要な場合には、「危機にさらされている世界遺産」に登録されることになる。締約国は、世界遺産に影響を及ぼす特別な事態が生じたり、工事が計画された場合には、影響調査を含む対応措置について報告書を世界遺産委員会に提出しなければならない。また、締約国は、自国のとった措置を定期報告しなければならないほか、各国の世界遺産の保全状況を6年毎に世界遺産委員会の審査を受ける必要がある。

モニュメント
（Monuments）
モニュメントとは、建築物、記念的意義を有する彫刻および絵画、考古学的な性質の物件および構造物、金石文、洞穴居並びにこれらの物件の組合せであって、歴史的、芸術上、または、学術上、顕著な普遍的価値を有するものをいう。

野生生物種の減少
（Extinction of Wildlife Species）
野生生物の種の減少を防止することは、将来の地球と人類のためにも極めて重要である。地球上には多様な野生生物の種が生息、生育している。国際自然保護連合（IUCN）は、世界の絶滅のおそれのある動物のレッドリストを作成している。この中には5000種以上の動物が掲載され、これらは絶滅の危機にされている。しかもこのリスト以外にも、熱帯雨林などではその存在が知られないまま、種の絶滅が進んでいることから、実際にはこのリストの数を上回る規模で種の減少が進行していると考えられている。人類の活動は、自然界の種の生命を左右しうる存在となっている。

ヤハウェ（Yahweh）
ユダヤ教の唯一神。

ユダヤ教（Judaism）
ユダヤ人の民族宗教。ヤハウェを唯一神をする。エルサレムを中心にバビロン捕囚の後に確立した。偶像禁止、選民思想、戒律主義、メシア信仰などを特色とする。「旧約聖書」を教典としていた。

ユニドロワ約（Unidroit Convention）
ユニドロワ条約は、盗難文化財の返還に関する国際条約で、1995年6月にローマで採択された。2020年5月現在、63か国が締結している。日本は未締結。正式条約名は、「盗取されたまたは不法に輸出された文化財に関するユニドロワ条約」（Unidroit Convention on Stolen or Illegally Exported Cultural Objects）

ユネスコ
（UNESCO＝ United Nations Educational, Scientific and Cultural Organization）
ユネスコは、国連の教育、科学、文化分野の専門機関。人類の知的、倫理的連帯感の上に築かれた恒久平和を実現するために1946年11月4日に設立された。その活動領域は、教育、自然科学、人文・社会科学、文化、それに、コミュニケーション・情報。ユネスコ加盟国は、現在195か国、準加盟地域10。ユネスコ本部はフランスのパリにあり、世界各地に55か所の地域事務所がある。職員数は2,189人（うち邦人職員は52人）、2018-2019年度通常予算（2年分）1,224百万米ドル。主要国分担率（2019年）は、中国（15.493％）、日本（11.052％　わが国分担金額：平成30年度：約34億7千万円）、ドイツ（7.860％）、英国（5.894％）、フランス（5.713％）。事務局長は、オードレイ・アズレー氏（Audrey Azoulay フランス前文化通信大臣）。

ユネスコ・イコモス文書センター
（UNESCO ICOMOS Documentation Centre）

ユネスコ・イコモス文書センターは、パリのイコモス事務局内の行われており、世界遺産条約、イコモス、文化遺産、行事、参考文献、刊行物などの書類や文献をサービスを行っている。

ユネスコ科学セクター
（UNESCO Science Sector）
ユネスコ科学セクターは、生態科学、地球科学、環境計画調整局などの部門があり、世界遺産センターやIUCNとの協力の下に、自然遺産、特に、ユネスコの生物圏保護区に関するプロジェクトを展開している。

ユネスコ憲章（Charter of UNESCO）
ユネスコ憲章は、1945年11月にロンドンで「連合国教育文化会議」が開催され国連加盟国の37か国により採択され、翌年、発効。「戦争は人の心の中で生まれるものであるから、人の心の中に平和のとりでを築かなければならない──よって、平和は、失われないためには、人類の知的および精神的連帯の上に築かなければならない。」（前文冒頭）の言葉は有名。

ユネスコ国内委員会
（UNESCO National Commission）
ユネスコ国内委員会は、加盟国内に設置される政府の諮問機関。日本の場合、日本ユネスコ国内委員会が文部科学省内に置かれている。

ユネスコ執行委員会
（UNESCO Executive Board）
ユネスコ執行委員会は、58か国の政府代表で構成され、年に2回会合を開く。ユネスコ執行委員会は、ユネスコ総会の採択した事業計画の実施に責任を有する。

ユネスコ政府代表部
（Permanent Delegation to UNESCO）
ユネスコ政府代表部は、ユネスコの主要な加盟国がパリに設立した在外公館で、加盟国として、ユネスコの事業運営に関与している。 日本もユネスコ日本政府代表部（Permanent Delegation of Japan to UNESCO）を設置している。

ユネスコ世界遺産が準拠する国際条約
（International Convention concerning UNESCO World Heritage）
ユネスコ世界遺産が準拠する国際条約は、世界の文化遺産及び自然遺産の保護に関する条約（世界遺産条約）。ユネスコの世界遺産に関する基本的な考え方は、世界遺産条約にすべて反映されているが、この世界遺産条約を円滑に履行していく為のガイドラインを設け、その中で世界遺産リストの登録基準、或は、危機にさらされている世界遺産リストの登録基準や世界遺産基金の運用などについて細かく定めている。

ユネスコ世界遺産センターによる書類審査
ユネスコ世界遺産センターによる書類審査は、（1）書類に不備がある場合は、加盟国に対し不足の情報の要求する。（2）書類に不備がない場合は、ICOMOS and/or IUCNに伝達し、ICOMOS、IUCNによる書類審査が行われる。

ユネスコ世界遺産を通じての総合学習
（Integrated Study through UNESCO World Heritage）
ユネスコ世界遺産を通じての総合学習は、大変、有用である。学びのテーマとしては、世界平和の大切さ、地球環境の保護、保全、世界遺産の素晴しさ、世界遺産の鑑賞、美学、地球の誕生、活動、歴史、人類の業績、所業、教訓、世界遺産の多様性、世界遺産地の民族、歴史、地理、生活、産業、世界遺産と人類や人間との関わり、世界遺産保護の大切さ、多様な世界の国と地域、国際理解、世界の多文化、異文化理解することなどが挙げられる。

ユネスコ総会
（General Conference of the United Nations Education, Scientific and Cultural Organization）
ユネスコ総会は、ユネスコの最高意思決定機関。総会は、2年に1回、会合を開き、ユネスコの方針を決定し、事業・予算を承認する。第40回ユネスコ総会は、2019年11月12日から27日まで、パリのユネスコ本部で開催された。ユネスコ総会は6年毎に、執行委員会の勧告に基づき、事務局長を任命する。

ユネスコの起源　（Origin of UNESCO）

ユネスコの前身は、国際知的協力委員会（CICI）、国際知的協力研究所（IICI）、および、国際教育局（IBE）。連合国教育大臣会議（CAME）の提案により、1945年11月に、44か国の政府が参加し、教育・文化機関を設置するための国連会議が開催された。1945年11月16日に、ユネスコ憲章が署名され、ユネスコ設立の「準備委員会」が設置された。1946年11月19日から12月10日まで、第1回ユネスコ総会がパリで開催され、投票資格のある30か国の代表が参加した。

ユネスコの国際的な保護キャンペーン
（UNESCO International Safeguarding Campaign）

世界遺産条約は、国際的な保護キャンペーンなどの具体的な行動によって、数々の脅威にさらされた遺跡や危機にさらされた種を救済するなどの成果をあげている。具体的には、アブ・シンベル・プロジェクト（1964年〜1968年）、ロイヤル・チトワン国立公園（1990年代初頭）、ギザのピラミッド周辺の高速道路プロジェクト（1995年）、アンコール遺跡（1991年）、ヴェネチアの1965年の洪水災害（1966年／1993年）、タリバーンによるバーミヤン遺跡などの破壊からアフガニスタン遺跡や文化財を守る（2001年〜2002年）、オーストリア、チェコ、ドイツ、ハンガリーの世界遺産地における2002年8月の洪水災害（2002年）などの保護、救済キャンペーンがある。

ユネスコのテーマ別専門家会議
（UNESCO Thematic Expert Meeting）

ユネスコのテーマ別専門家会議は、ユネスコ世界遺産センターが将来の世界遺産の登録審査に資するために、テーマ別、地域別に開催することを締約国に呼びかけている。文化的景観に関しては、これまでに「文化的景観としての道に関する専門家会議」（1994年　スペイン・マドリッド）、「アジアの稲作文化と棚田景観に関する専門家会議」（1995年　フィリピン・マニラ）、「アジア・太平洋地域における「関連する文化的景観」のワークショップ」（1995年　オーストラリア・シドニー）、「アジア・太平洋地域における信仰の山の文化的景観に関する専門家会議」（2001年　和歌山市）などが開催されている。

ユネスコ文化局
（UNESCO Culture Sector）

ユネスコ文化局では、①世界の文化遺産の保護（世界遺産の保護のための能力開発の強化、無形文化遺産の認定と保護、文化遺産の保護と修復、文化的財産の保護）②文化政策、文化産業、文化間対話の強化（文化政策の開発、文化間対話の促進、文化産業と工芸の奨励）③局間横断的事業（貧困、とりわけ極貧の削減、教育、科学、文化の発展及び知識社会の構築のための情報・コミュニケーション技術への貢献）の事業を行っている。これらの事業を実施するために、文化遺産部（有形文化遺産課、無形文化遺産課、国際基準課）、芸術・文化事業部（文化促進のための国際基金課、美術・工芸・デザイン課、文化事業・著作権課）、文化政策・文化間対話部（文化と開発課、文化的多様性・文化間対話課、歴史と文化課）、世界遺産センター（自然遺産課、政策・法制整備課、促進・広報・教育課、アフリカ課、アラブ諸国課、アジア・太平洋課、ヨーロッパ課、ラテンアメリカ・カリブ課、世界遺産センター事務局）、それに、事務部の部課が置かれている。

予備評価　（Preliminary Assessment）

世界遺産推薦手続きの見直しについて議論を進めていたアドホック作業部会から検討結果の報告が第43回世界遺産委員会で行われ、登録推薦プロセスを2段階とし、デスクスタディに基づいて早い段階で世界遺産としての可能性を評価する「予備評価（Preliminary Assessment）」（否定的な評価が出た場合、推薦を取りやめるか、修正等を行って推薦を行うかの最終判断は締約国による）を将来導入するという見直し案が示された。予備評価の原則 1. 予備評価を推薦手続きの第一段階として位置づけ、締約国と諮問機関の間の対話を強化する。2. 予備評価は、全ての推薦に必須の手続きとする。3. 予備評価は、締約国の暫定リストに掲載された資産を対象とし、締約国の要請に基づいて実施する。4. 予備評価は、もっぱらデスクスタディ

（書類のみによる評価）に基づいて行う。5.予備評価の結果に関わらず、推薦を目指すか否かは、締約国に決定権限がある。6.予備評価の導入に際しては、締約国、諮問機関、世界遺産委員会が効果的に改革を適用することができるように、移行期間を設ける。また、新規登録推薦の審査にかかる費用を登録推薦国が負担するというコスト共有モデル（cost-sharing model）がノルウェーから提案され、2020年2月1日以降に提出される登録推薦書類から適用することが決定された。2020年2月1日以降に提出される登録推薦から、次の仕組みを導入することを決定する。1.新たな登録推薦書類を提出する世界遺産条約締約国が、事務局のユネスコ世界遺産センターによって示された評価費用の平均金額（現状、通常の推薦一件あたり22,000ドルから、複合遺産及び複雑なシリアル/国境を越えた遺産の場合44,000ドル）を考慮して、任意に拠出する支払いに基づく。

四大文明（Four great ancient civilization）
人類の文明史の歴史観のひとつで、エジプト、メソポタミア、インダス、黄河・長江文明をさす。いずれも大河流域に発生した農耕文明。

ラポルチュール（Rapporteur）
書記（国）

ラムサール条約（Ramsar Convention）
ラムサール条約は、1971年2月にイランのラムサールで開催された「湿地および水鳥の保全のための国際会議」で条約が採択された。水鳥の生息地として国際的に重要な湿地およびその動植物の保全を促進することが目的。2008年9月現在、締約国数171か国、登録湿地数2,391、登録湿地面積253,879,235ha。わが国は、1980年に条約が発効し、2020年5月現在、琵琶湖、釧路湿原、クッチャロ湖など52か所154,696haの湿地が登録されている。IUCNは、ラムサール条約事務局のパートナー国際NGOであり、条約締約国会議の常設オブザーバー。正式条約名は、「特に水鳥の生息地として国際的に重要な湿地に関する条約」。

リアクティブ・モニタリング・ミッション
脅威にさらされている特定の遺産の保全状況について、事務局及び諮問機関が世界遺産委員会に対して行う、世界遺産条約上に規定された報告の一環である。世界遺産委員会による要請により、関係締約国との協議しつつ、世界遺産の状態、世界遺産に対する危険、適切に世界遺産を復元することの実現性について確認するため、若しくはそのような改善策の実施の進捗を評価するために行われ、現地調査の結果について世界遺産委員会に報告するところまでを含む。リアクティブ・モニタリング・ミッションの内容は、世界遺産委員会により採択された決定に準拠して、世界遺産センターが提案し、世界遺産条約締約国及び関係諮問機関との協議のもと決定される。リアクティブ・モニタリングミッションにかかる費用は、世界遺産基金が負担する。

ル・コルビュジエの建築作品－近代化運動への顕著な貢献
（The Architectural Work of Le Corbusier, an Outstanding Contribution to the Modern Movement）
ル・コルビュジエの建築作品－近代化運動への顕著な貢献は、3大陸の7か国にまたがる17件の20世紀の建築物群。世界遺産の登録面積は98.4838ha、バッファー・ゾーンは1409.384haである。コルビュジエは、コンクリートやガラスなど当時の先端素材を駆使して建築技術を近代化し、社会や人々のニーズに応え世界中に影響を与えた。構成資産は、フランスのラ・ロッシュ・ジャンヌレ邸、ペサックの住宅群、サヴォワ邸、ポルト・モリトールの集合住宅アパート、マルセイユのユニテ・ダビタシオン、サンディエのデュヴァル織物工場、ロンシャンの礼拝堂、カップ・マルタンの小屋、ラ・トゥーレットの修道院、フィルミニ・ヴェール、スイスのレマン湖畔の小さな家、クラルテ集合住宅、ベルギーのアントワープのギエット邸、ドイツのシュツットガルトのヴァイセンホーフとジードルングの二つの住宅、インドのチャンディガールのキャンピタル・コンプレックス、日本の国立西洋美術館、アルゼンチンのクルチェット邸である。第33回世界遺産委員会では「情報照会」、第

35回世界遺産委員会では「登録延期」となったが、インドを加えた第40回世界遺産委員会では、「人類の創造的才能を表す傑作であり、20世紀における世界中の近代建築運動に大きな影響を与えた」ことなどが評価され、登録に至った。

文化遺産（登録基準(i)(ii)(vi)）　2016年
フランス／スイス／ベルギー／ドイツ／インド／日本／アルゼンチン

歴史的庭園（Historic Garden）
歴史的庭園とは、建造物と植物からなる複合物であり、歴史的、芸術的観点から公衆の関心を引くものであり、記念物とみなされ、世界遺産リストにも、中国の「蘇州の古典庭園」（文化遺産　1997年／2000年）などが登録されている。

歴史的木造建造物保存のための原則
（Principles for the Preservation of Historic Timber Structures）
歴史的木造建造物保存のための原則は、1999年にメキシコで開催されたICOMOS総会で採択された。この原則のなかで、何らかの保存措置は、優先的に伝統的な手法に従い、かつ、ある一定条件の時には、保存のためには全部、または、部分的な解体とそれに続く組立が必要であるということを、最小限の保存措置の意味に解することがあり得るとしている。

歴史都市（Historic Cities and Towns）
歴史都市は、歴史的な市や町の都市遺産。近年、世界遺産リストは、都市景観や風景を含めて、幅広い多様なものになっている。1976年の第19回ユネスコ総会で採択された「歴史地区の保全及び現代的役割に関する勧告」でも述べられている様に、歴史地域は、各地の人間の日々の環境の一部分である。歴史地域は、過去の生きた面影を代表するものである。また、文化、宗教、それに社会活動の多様性を物語る証拠である。歴史地域を保護し、現代社会の生活に融合させていくことは、都市計画や地域開発の基本的なファクターである。世界遺産リストには、「歴史都市カイロ」（エジプト　1979年登録）、「イスファハンのイマーム広場」（イラン　1979年登録）、「ローマ歴史地区、教皇領とサンパオロ・フォーリ・レ・ムーラ教会」（イタリア・ヴァチカン　1980年／1990年登録）、「パリのセーヌ河岸」（フランス　1991年登録）、「ブルージュの歴史地区」（ベルギー　2000年登録）、「ワルシャワの歴史地区」（ポーランド　1980年登録）、「プラハの歴史地区」（チェコ　1992年登録）、「イスタンブールの歴史地区」（トルコ　1985年登録）、「古都ホイアン」（ヴェトナム　1999年登録）、「慶州の歴史地域」（韓国　2000年登録）、「古都京都の文化財」（日本　1994年登録）、「オールド・ケベックの歴史地区」（カナダ　1985年登録）、「メキシコシティー歴史地区とソチミルコ」（メキシコ　1987年登録）、「リマの歴史地区」（ペルー　1988年／1991年登録）、「ゴイヤスの歴史地区」（ブラジル　2001年登録）などの歴史都市が登録されている。

レコンキスタ（Reconquista）
中世後期、イベリア半島をイスラム勢力から奪うためのキリスト教徒の運動。国土回復運動（近年では、ムスリムの視点も考慮し再征服運動という）。1492年、グラナダ陥落により終結した。

レッド・データ・ブック
（Red Data Book）
レッド・データ・ブックとは、絶滅のおそれのある野生動植物の種に関するデータブックのことである。レッド・データ・ブックの名称は、IUCN（国際自然保護連合）が1966年に初めて発行したデータ・ブックの表紙に赤い紙が使われていたことによる。日本では、環境省が日本の絶滅のおそれのある動植物の種を選定するために「緊急に保護を要する動植物の種の選定調査」を実施し、1991年にこの調査結果をとりまとめたレッド・データ・ブック「日本の絶滅のおそれのある野生生物」を発行した。1994年にIUCNのカテゴリーが見直され、それに基づいて、環境省では1997年に植物版のレッド・データ・ブックを策定、また、動物版についても見直しを進め、その後、分類群毎に「改訂・日本の絶滅のおそれのある野生生物－レッド・データ・ブック」を作成している。環境省生物多様性センタ

一の生物多様性情報システムの「絶滅危惧種情報」で、レッド・データ・ブックに掲載されている情報を検索・閲覧することができる。レッド・データ・ブックに基づき、「絶滅のおそれのある野生動植物の種の保存に関する法律」(種の保存法)に基づく希少野生動植物の選定、絶滅危惧種の保存の検討、環境アセスメントへの活用、一般市民への啓蒙・普及などが期待されている。**略称　RDB**

ワークショップ（Workshop）

ワークショップ は、仕事場、工場、工房、研究会という意味の英語。世界遺産の場では「立場や経験の異なる参加者が、協同作業を通じて、手や体全体を動かし、知恵や創意工夫を出し合いながら、ある成果を創造ずる活動・行為」、或は、「参加者がある事項について、お互いの考えや立場を学び合いながらアイデアを出したり、意見をまとめたりする手法」を意味する。ワークショップは、方向が打ち出されていく過程を参加者全員で共有しながら合意形成を得るところに大きな意味がある。また、同時に、ワークショップ参加者の中に世界遺産を大切に思う心が育ち、世界遺産に対する愛着が生まれる効果も持っている。

ワシントン条約（Washington Convention）

ワシントン条約は、野生動植物の国際取引の規制を輸出国と輸入国とが協力して実施することにより、採取と捕獲を抑制して絶滅のおそれのある野生動植物の保護を図ることを目的に、1973年3月、ワシントンにおいて条約が採択された。わが国は1980年に加入、締約国は、2020年5月現在、183か国。ゴリラ、ジャイアントパンダ、アフリカゾウなど商業目的の為の国際取引が禁止されているほか、制限品目が指定されている。正式条約名は、「絶滅のおそれのある野生動植物の種の国際取引に関する条約」。
略称　CITES（サイテス）

ワールド・ヘリティッジ・イン・ヤング・ハンズ
（World Heritage in Young Hands）

ワールド・ヘリティッジ・イン・ヤング・ハンズは、自然遺産や文化遺産などの世界遺産保護活動に携わる若者を育成することを目的にした教育用

のウェブ・サイト。

ワールド・ヘリティッジ・ニューズレター
（World Heritage Newsletter）

ワールド・ヘリティッジ・ニューズレターは、月に1回、ユネスコ世界遺産センターによって発行される。ワールド・ヘリティッジ・ニューズレターには、世界遺産委員会、ユネスコ世界遺産センター、IUCNやICOMOSなどの機関、世界遺産地、世界遺産条約締約国などのトピックスや行事などが掲載される。また、世界遺産ニュース（WHNEWS）は、登録すれば電子メールで、自動的に配信される。

ワールド・ヘリティッジ・レビュー
（World Heritage Review）

ワールド・ヘリティッジ・レビューは、ユネスコの機関誌の一つで、3か月毎に刊行されている。英語、フランス語、スペイン語の3か国語版があり、世界遺産や環境保護などに関心のある幅広い層が購読者。ワールド・ヘリティッジ・レビューは、テーマ特集、専門家の記事、新しく世界遺産リストに登録された物件の紹介などの記事から構成され、写真も豊富である。ワールド・ヘリティッジ・レビューは、ユネスコ出版（UPO）、世界遺産センター（WHC）、ユネスコの有形遺産 ， 生態科学、地球科学の各部門の協力の下に編集され、スペインの出版社のサン・マルコス社（本社マドリード）から出版されている。

世界遺産関連用語　共通

世界遺産、世界無形文化遺産、世界の記憶の比較

世界遺産関連用語　共通

	世 界 遺 産	世界無形文化遺産	世界の記憶
準拠	世界の文化遺産および自然遺産の保護に関する条約（略称：世界遺産条約）	無形文化遺産の保護に関する条約（略称：無形文化遺産保護条約）	メモリー・オブ・ザ・ワールド・プログラム（略称：MOW）＊条約ではない
採択・開始	1972年	2003年	1992年
目的	かけがえのない遺産をあらゆる脅威や危険から守る為に、その重要性を広く世界に呼びかけ、保護・保全の為の国際協力を推進する。	グローバル化により失われつつある多様な文化を守るため、無形文化遺産尊重の意識を向上させ、その保護に関する国際協力を促進する。	人類の歴史的な文書や記録など、忘却してはならない貴重な記録遺産を登録し、最新のデジタル技術などで保存し、広く公開する。
対象	有形の不動産（文化遺産、自然遺産）	文化の表現形態・口承及び表現・芸能・社会的慣習、儀式及び祭礼行事・自然及び万物に関する知識及び慣習・伝統工芸技術	・文書類（手稿、写本、書籍等）・非文書類（映画、音楽、地図等）・視聴覚類（映画、写真、ディスク等）・その他　記念碑、碑文など
登録申請	各締約国（193か国）2020年5月現在	各締約国（178か国）2020年5月現在	国、地方自治体、団体、個人など
審議機関	世界遺産委員会（委員国21か国）	無形文化遺産委員会（委員国24か国）	ユネスコ事務局長↑国際諮問委員会
審査評価機関	NGOの専門機関（ICOMOS, ICCROM, IUCN）現地調査と書類審査	無形文化遺産委員会の評価機関　6つの専門機関と6人の専門家で構成	国際諮問委員会の補助機関　登録分科会専門機関（IFLA, ICA, ICAAA, ICOM などのNGO）
リスト	世界遺産リスト　（1121件）	人類の無形文化遺産の代表的なリスト（略称：代表リスト）（463件）	世界の記憶リスト（427件）
登録基準	必要条件：10の基準のうち、1つ以上を完全に満たすこと。顕著な普遍的価値	必要条件：5つの基準を全て満たすこと。コミュニティへの社会的な役割と文化的な意味	必要条件：5つの基準のうち、1つ以上の世界的な重要性を満たすこと。世界史上重要な文書や記録
危機リスト	危機にさらされている世界遺産リスト（略称：危機遺産リスト）（53件）	緊急に保護する必要がある無形文化遺産のリスト（略称：緊急保護リスト）（64件）	－
基金	世界遺産基金	無形文化遺産保護基金	世界の記憶基金
事務局	ユネスコ世界遺産センター	ユネスコ文化局無形遺産課	ユネスコ情報・コミュニケーション局知識社会部ユニバーサルアクセス・保存課
指針	オペレーショナル・ガイドライン（世界遺産条約履行の為の作業指針）	オペレーショナル・ディレクティブス（無形文化遺産保護条約履行の為の運用指示書）	ジェネラル・ガイドライン（記録遺産保護の為の一般指針）
日本の窓口	外務省、文化庁文化資源活用課環境省、林野庁	外務省、文化庁文化資源活用課	文部科学省日本ユネスコ国内委員会

	世 界 遺 産	世界無形文化遺産	世界の記憶
代表例	＜自然遺産＞ ○ キリマンジャロ国立公園（タンザニア） ○ グレート・バリア・リーフ（オーストラリア） ○ グランド・キャニオン国立公園（米国） ○ ガラパゴス諸島（エクアドル） ＜文化遺産＞ ● アンコール（カンボジア） ● タージ・マハル（インド） ● 万里の長城（中国） ● モン・サン・ミッシェルとその湾（フランス） ● ローマの歴史地区（イタリア・ヴァチカン） ＜複合遺産＞ ◎ 黄山（中国） ◎ トンガリロ国立公園（ニュージーランド） ◎ マチュ・ピチュの歴史保護区（ペルー） など	◙ ジャマ・エル・フナ広場の文化的空間 （モロッコ） ◙ ベドウィン族の文化空間（ヨルダン） ◙ ヨガ（インド） ◙ カンボジアの王家の舞踊（カンボジア） ◙ ヴェトナムの宮廷音楽、 ニャー・ニャック（ヴェトナム） ◙ イフガオ族のフドフド詠唱（フィリピン） ◙ 端午節（中国） ◙ 江陵端午祭（カンルンタノジュ）（韓国） ◙ コルドバのパティオ祭り（スペイン） ◙ フランスの美食（フランス） ◙ ドゥブロヴニクの守護神聖ブレイズの 祝祭（クロアチア） など	◎ アンネ・フランクの日記（オランダ） ◎ ゲーテ・シラー資料館のゲーテの 直筆の文学作品（ドイツ） ◎ ブラームスの作品集（オーストリア） ◎ 朝鮮王朝実録（韓国） ◎ 人間と市民の権利の宣言（1789〜 1791年）（フランス） ◎ 解放闘争の生々しいアーカイヴ・ コレクション（南アフリカ） ◎ エレノア・ルーズベルト文書プロジェクト の常設展（米国） ◎ ヴァスコ・ダ・ガマのインドへの最初の 航海史1497〜1499年（ポルトガル） など
日本関係	（23件） ＜自然遺産＞ ○ 白神山地 ○ 屋久島 ○ 知床 ○ 小笠原諸島 ＜文化遺産＞ ● 法隆寺地域の仏教建造物 ● 姫路城 ● 古都京都の文化財 （京都市 宇治市 大津市） ● 白川郷・五箇山の合掌造り集落 ● 広島の平和記念碑（原爆ドーム） ● 厳島神社 ● 古都奈良の文化財 ● 日光の社寺 ● 琉球王国のグスク及び関連遺産群 ● 紀伊山地の霊場と参詣道 ● 石見銀山遺跡とその文化的景観 ● 平泉―仏国土（浄土）を表す建築・ 庭園及び考古学的遺跡群― ● 富士山―信仰の対象と芸術の源泉 ● 富岡製糸場と絹産業遺産群 ● 明治日本の産業革命遺産 ―製鉄・製鋼、造船、石炭産業 ● ル・コルビュジエの建築作品 ―近代化運動への顕著な貢献 ●「神宿る島」宗像・沖ノ島と関連遺産群 ● 長崎と天草地方の潜伏キリシタン関連 遺産 ● 百舌鳥・古市古墳群	（21件） ◙ 能楽 ◙ 人形浄瑠璃文楽 ◙ 歌舞伎 ◙ 秋保の田植踊（宮城県） ◙ チャッキラコ（神奈川県） ◙ 題目立（奈良県） ◙ 大日堂舞楽（秋田県） ◙ 雅楽 ◙ 早池峰神楽（岩手県） ◙ ◙ 小千谷縮・越後上布－新潟県魚沼 地方の麻織物の製造技術（新潟県） ◙ 奥能登のあえのこと（石川県） ◙ アイヌ古式舞踊（北海道） ◙ 組踊、伝統的な沖縄の歌劇（沖縄県） ◙ 結城紬、絹織物の生産技術 （茨城県、栃木県） ◙ 壬生の花田植、広島県壬生の田植 の儀式（広島県） ◙ 佐陀神能、島根県佐太神社の神楽 （島根県） ◙ 那智の田楽,那智の火祭りで演じられる 宗教的民俗芸能（和歌山県） ◙ 和食；日本人の伝統的な食文化 ―正月を例として― ◙ 和紙；日本の手漉和紙技術 （島根県、岐阜県、埼玉県） ◙ 日本の山・鉾・屋台行事 （青森県、埼玉県、京都府など18府県33件） ◙ 来訪神：仮面・仮装の神々 （秋田県など8県10件）	（7件） ◎ 山本作兵衛コレクション ＜所蔵機関＞田川市石炭・歴史博物館 福岡県立大学附属研究所（福岡県田川市） ◎ 慶長遣欧使節関係資料 （スペインとの共同登録） ＜所蔵機関＞仙台市博物館（仙台市） ◎ 御堂関白記：藤原道長の自筆日記 ＜所蔵機関＞公益財団法人陽明文庫 （京都市右京区） ◎ 東寺百合文書 ＜所蔵機関＞京都府立総合資料館 （京都市左京区） ◎ 舞鶴への生還－1946〜1953シベリア 抑留等日本人の本国への引き揚げの記録 ＜所蔵機関＞舞鶴引揚記念館 （京都府舞鶴市） ◎ 上野三碑（こうずけさんぴ） ＜所蔵機関＞高崎市 ◎ 朝鮮通信使に関する記録 17〜19世紀 の日韓間の平和構築と文化交流の歴史 （韓国との共同登録） ＜所蔵機関＞東京国立博物館、長崎県立 対馬歴史民俗資料館、日光東照宮など
今後の候補	○ 奄美大島、徳之島、沖縄島北部及び 西表島 →2020年登録審議予定	◙ 伝統建築工匠の技：木造建造物を 受け継ぐための伝統技術 →2020年登録審議予定	◎ 杉原リスト－1940年、杉原千畝が避難 民救済のため人道主義・博愛精神に基づ き大量発給した日本通過ビザ発給の記録 →2017年第13回国際諮問委員会にて 登録審査の結果 不登録

世界遺産関連用語 共通

世界遺産関連用語　日本関連

長崎と天草地方の潜伏キリシタン関連遺産
（**Hidden Christian Sites in the Nagasaki Region**）
文化遺産（登録基準（iii）） 2018年
日 本

ICOM日本委員会

ICOM日本委員会は、1951年に設立され、日本博物館協会に事務局を置き、活動している。ICOM日本委員会は、ICOMの規約に従って、その目的達成を図ると共に国内における会員の諸活動の向上に資する事を目的として活動している。

IUCN日本委員会

IUCN日本委員会は、IUCN（国際自然保護連合）加盟団体の活動への協力、団体間の連絡協議を目的に、1980年に設立された。会長は、渡邉綱男氏（一般財団法人　自然環境研究センター上級研究員）で、事務局は、日本自然保護協会内に置かれている。2020年5月現在、会員は、国家会員1（外務省）、政府機関1（環境省）、そして民間団体である日本自然保護協会、日本動物園水族館協会、世界自然保護基金ジャパン（WWFジャパン）、日本野鳥の会、人間環境問題研究会、自然環境研究センター、日本雁を保護する会、経団連自然保護協議会、生物多様性JAPAN、日本ウミガメ協議会、カメハメハ王国、野生生物保全論研究会、ジュゴン保護キャンペーンセンター（SDCC）、コンサベーション・インターナショナル・ジャパン（CIジャパン）、ラムサール・ネットワーク日本（ラムネットJ）、旭硝子財団（AF）、日本国際湿地保全連合（WIJ）、国連生物多様性の10年市民ネットワーク（準会員）。
略称　IUCNJ

NPO

民間非営利法人組織の略。登録によって法人格を得る。民間活動促進法により設けられるもので、従来の財団法人や社会福祉法人と違い、多くの資金を必要とせず、官庁の詳細な許可手続きはいらない。阪神・淡路大震災の後におこったさまざまなボランティア活動が背景となっている。

相倉集落

白川郷・五箇山の合掌造り集落の構成資産のひとつ。富山県南砺市相倉地区の五箇山合掌造り集落。20棟の合掌造り家屋が保存地区内に現存する。

飛鳥・藤原の宮都とその関連資産群

世界遺産暫定リスト記載物件。592年に推古天皇が即位してから、710年に平城京へ遷都するまでの間、飛鳥の地に営まれた宮都の関連遺跡群及び周辺の文化的景観からなる。100年以上にわたる累代の天皇・皇族の宮殿をはじめ、それに付属する苑地などの諸施設、わが国最古の本格的都城やその内外に営まれた諸寺院、当時の有力者の墳墓などの遺跡群は今なお地下に良好に遺存している。飛鳥・藤原の宮都とその関連資産群は、日本の古代国家の形成過程を明瞭に示し、中国大陸及び朝鮮半島との緊密な交流の所産である一群の考古学的遺跡と歴史的風土からなり、両者が織りなす文化的景観としても極めて優秀である。2024年（令和6年）までの世界遺産登録をめざしている。

奄美大島、徳之島、沖縄島北部及び西表島

奄美大島、徳之島、沖縄島北部及び西表島は、日本列島の南端部、鹿児島県と沖縄県にまたがる南北約850kmに点在する島々である。登録推薦地域は、中琉球の奄美大島、徳之島、沖縄島北部と、南琉球の西表島の4地域の5構成要素で構成され、面積42,698haの陸域である。中琉球及び南琉球は日本列島の南端部にある琉球列島の一部の島々であり、黒潮と亜熱帯性高気圧の影響を受け、温暖・多湿な亜熱帯性気候を呈し、主に常緑広葉樹多雨林に覆われている。登録推薦地域は、世界の生物多様性ホットスポットの一つである日本の中でも生物多様性が突出して高い地域である中琉球・南琉球を最も代表する区域で、多くの分類群において多くの種が生息する。また、絶滅危惧種や中琉球・南琉球の固有種が多く、それらの種の割合も高い。さらに、さまざまな固有種の進化の例が見られ、特に、遺存固有種及び／または独特な進化を遂げた種の例が多く存在する。これらの生物多様性の特徴はすべて相互に関連しており、中琉球及び南琉球が大陸島として形成された地史の結果として生じてきた。分断と孤立の長い歴史を反映し、陸域生物はさまざまな進化の過程を経て、海峡を容易に越えられない非飛翔性の陸生脊椎動物群や植物で固有種の事例が多くみられ

るような、独特の生物相となった。また、中琉球と南琉球では種分化や固有化のパターンが異なっている。このように登録推薦地域は、多くの固有種や絶滅危惧種を含む独特な陸域生物にとって、全体として世界的にかけがえのなさが高い地域であり、独特で豊かな中琉球及び南琉球の生物多様性の生息域内保全にとって最も重要な自然の生息・生育地を包含した地域である。2020年の第44回世界遺産福州（中国）会議で登録の可否が審議される。

厳島神社 （Itsukushima Shinto Shrine）

厳島神社は、広島県西部、瀬戸内海に浮かぶ厳島（宮島）にある。緑に覆われた標高530mの弥山（みせん）の原始林を背景に、本社本殿を中心に海上の大鳥居など鮮やかな朱塗りの平安の宗教建築群を展開する。他に例を見ない大きな構想のもとに独特の景観を創出している。登録遺産の範囲は、厳島神社の本社本殿、拝殿、幣殿、祓殿等が17棟、それに、朱鮮やかな大鳥居、五重塔、多宝塔を含めた建造物群と、それと一体となって登録遺産の価値を形成している前面の瀬戸内海と背後の弥山を中心とする地域。厳島神社の創建は、推古天皇の時代の593年いわれ、平安時代の1168年に、平清盛（1118〜1181年）の崇拝を受けて現在の様な形に築かれ、その後、毛利元就（1497〜1571年）により、本社本殿は建て替えられた。厳島神社の建造物群は、総体として、ある一つの明確な理念の下に調和と統一をもって建造され配置された社殿群及びその周囲に歴史的に形成された建造物からなっている一方、それぞれの単体の建造物も個々に優れた建築様式を誇っている。また、厳島神社のある安芸の宮島は、日本三景の一つとしても知られている。

文化遺産（登録基準(i)(ii)(iv)(vi)）　1996年

石見銀山遺跡とその文化的景観

（Iwami Ginzan Silver Mine and its Cultural Landscape）

石見銀山遺跡は、日本海に面する島根県中央部の大田市にある。石見銀山は、中世から近世にかけて繁栄した銀山で、16〜17世紀の銀生産最盛期には、ボリヴィアのポトシと並ぶ世界の2大銀鉱山といわれ、海外にも多く輸出され、当時

の世界の産銀量の約3分の1を占めたといわれる日本銀のかなりの部分を担い、世界経済にも大きな影響を与えた。石見銀山遺跡は、中世から近世の約400年にわたる銀山の全容が良好に残る稀な産業遺跡で、石見銀の採掘、精錬から運搬、積み出しに至る鉱山開発の総体を表す「銀鉱山跡と鉱山町」、「港と港町」、及びこれらをつなぐ「街道」の3つから構成されている。石見銀山遺跡は、東西世界の文物交流及び文明交流の物証であり、伝統的技術による銀生産の証しである考古学的遺跡及び銀鉱山に関わる土地利用の総体を表す文化的景観を呈する。石見銀山遺跡は、ユネスコの「世界遺産」に推薦するための国内での暫定リストに2000年登載、2005年7月15日に開催された文化審議会文化財分科会は、「石見銀山遺跡とその文化的景観」を世界遺産に推薦することを了承、専門機関のICOMOSは、「登録延期」を勧告したが、「環境との共生」が評価され、2007年6月の第31回世界遺産委員会クライストチャーチ会議で、世界遺産リストに登録された。2007年の大森銀山重伝建地区についての国の追加選定、2008年の街道の史跡追加指定、2009年の温泉津重伝建地区についての国の追加選定などに伴い、2010年の第34回世界遺産委員会で、コア・ゾーンの面積を442haから約529haに拡大、軽微な変更を行った。

文化遺産（登録基準(ii)(iii)(v)）
2007年／2010年

西表島

西表島（いりおもてじま）は沖縄県八重山郡竹富町に属する八重山列島の島で、日本最後の秘境と言われる。マングローブ林が広がる汽水域、海岸や河川沿いの湿地帯、山地へ上がれば太古の昔から続く原生林が広がっており、人がほとんど足を踏み入れたことがない、まだ知られていない秘境が広がっている。

インタープリテーション

インタープリテーションとは、アメリカの国立公園などで行われている利用者サービスの一つである。公園利用者の自然に対する理解を助けるために、自然が発する様々な情報を的確に翻訳して伝える活動のことを言う。日本では「自然解説」と訳されているが、対象は自然に限定

世界遺産関連用語　日本関連

せず、歴史や文化の分野までも含み、その手法も単に教育的なものだけでなく、遊びやレクリエーションの要素も取り入れ幅広い。

エコ・ツアー

エコ・ツアーとは、エコ・ツーリズムの考え方に基づいて実践されるツアーの一形態。

エコ・ツーリズム

エコ・ツーリズムとは、①自然・歴史・文化など地域固有の資源を生かした観光を成立させること、②観光によってそれらの資源が損なわれることがないよう、適切な管理に基づく保護・保全をはかること、③地域資源の健全な存続による地域経済への波及効果が実現することをねらいとする、資源の保護＋観光業の成立＋地域振興の融合をめざす観光の考え方である。それにより、旅行者に魅力的な地域資源とのふれあいの機会が永続的に提供され、地域の暮らしが安定し、資源が守られていくことを目的とする。エコツーリズムは、従来型の観光とは異なり、保護地域あるいは周辺地域の住民の伝統的な生活様式も含めた地域生態系を、破壊せずに観察し体験することを目的としている。

延暦寺

古都京都の文化財の構成資産のひとつ。788年、都の鬼門にあたる霊峰比叡山中に伝教大師最澄により開かれ、後に法然、栄西、親鸞、道元、日蓮など多くの高僧を送り出した修行の寺。広大な寺域は、東塔、西塔、横川の3地域に分けられ、この三塔の諸堂を総称して延暦寺という。度々の火災に遭っているが、1571年には、織田信長による焼討ちで瑠璃堂、相輪を除く全てが焼失した。総本堂である根本中堂は、887年の創建で、現在のものは1640年に再建されたもの。正面11間、側面は内陣4間、礼堂にあたる中陣1間、外陣1間の計6間、入母屋造、瓦棒銅板葺という大規模な仏堂で、内部では創建以来絶やすことなく守られてきた不滅の法灯がある。比叡の文化財、比叡の自然環境、仏教音楽の声明などすべてを踏まえ世界遺産に登録された。

大峯奥駈道

紀伊山地の霊場と参詣道の構成資産のひとつ。霊場「吉野・大峯」と「熊野三山」を南北に結ぶ修験者の修行の道であり、吉野山から大峰山寺、玉置神社を経て熊野本宮大社までの約80kmの道のりがある。経路の大半は、標高千数百m級の山々を越える険しい起伏に富んだ尾根道で、随所に行場が設けられている。「靡」（なびき）と呼ばれる行場は、75か所あり、その中の57か所が登録資産に含まれる。また、国の天然記念物に指定されている「仏教岳原始林」や「オオヤマレンゲ自生地」などの自然林等も遺されている。伝説によると、修験道の祖とされる役行者が8世紀初めにこの大峯奥駈道を開いたとされ、これを歩いて踏破する奥駈は、修験道で最も重視される修行である。今日でも多くの修験者の団体が毎年奥駈を実施している。

大峰山寺

紀伊山地の霊場と参詣道の構成資産のひとつ。標高1719mの山上ヶ岳（大峯山）山頂にある修験道の寺院。役行者（えんのぎょうじゃ）の誓願に応じて蔵王権現が出現したとされる霊地に建立され、境内には「山上蔵王堂」と呼ばれる本堂を中心に、蔵王権現の湧出岩や断崖上の行場、経塚遺跡などがあり、修験道の聖地の中で最も重要な場所である。

大森銀山

石見銀山遺跡とその文化的景観の構成資産のひとつ。幕府代官所跡から鉱山口まで約2kmの町並で、銀山経営の中枢として、また石見銀山御料約4万8千石の政治・経済の中心として盛時は20万人が住んだといわれた。国の重要伝統的建造物群保存地区に指定されている。

小笠原諸島 (Ogasawara Islands)

小笠原諸島は、日本の南部、東京湾からおよそ1,000km（竹芝～父島間）南方の海上に、南北400km にわたって散在する大小30余りの島々からなる。世界遺産の登録面積は7,939haで、北ノ島、婿島、媒島、嫁島、弟島、兄島、父島、西島、東島、南島、母島、向島、平島、姪島、姉島、妹島、北硫黄島、南硫黄島、西之島の島々と周辺の岩礁等、それに海域の21構成資産からなる。小笠原諸島は、地球上の大陸形成の元となる海洋

性島弧(海洋プレート同士がぶつかり合って形成された列島)が、どのように発生し成長するかという進化の過程を、陸上に露出した地層や無人岩(ボニナイト)などの岩石から解明することのできる世界で唯一の場所である。小笠原諸島の生物相は、大陸と一度も陸続きになったことのない隔離された環境下で、様々な進化をとげて多くの種に分化した生物から構成され、441種類の固有植物など固有種率が高い。小笠原諸島は、海洋島生態系における進化の過程を代表する顕著な見本である。小笠原諸島は、限られた陸域でありながら、固有種を含む動植物の多様性に富んでおり、オガサワラオオコウモリやクロアシアホウドリなど世界的に重要とされる絶滅のおそれのある195種の生息・生育地でもあり、北西太平洋地域における生物多様性の保全のために不可欠な地域でもある。
自然遺産（登録基準(ix)）　2011年

沖泊
石見銀山遺跡とその文化的景観の構成資産のひとつ。銀山柵内から西9kmに位置し、銀が大量に生産されるようになった16世紀後半、銀の輸送や石見銀山への物資補給、軍事基地として機能した港。

荻町集落
白川郷・五箇山の合掌造り集落の構成資産のひとつ。岐阜県白川村荻町地区にある白川郷のメインとなる合掌造り集落。60棟の合掌造り家屋（明善寺庫裡含む）が保存地区内に現存する。

海外の文化遺産の保護に係る国際的な協力の推進に関する法律
海外の文化遺産の保護に係る国際的な協力の推進に関する法律は、2006年6月に、衆・参両院の全会一致で可決された文化遺産国際協力法である。文化遺産国際協力について、国や教育研究機関の果たすべき責務、関係機関の連携の強化等が定められている。これにより、わが国の積極的な文化的国際貢献を発信すると共に、国内の文化遺産国際協力体制の構築や関係機関の連携の集約、統合化による効果的な文化遺産の国際協力の実施が、国の意思として推進されることになる。また、2006年6月20日に「文化遺

産国際協力コンソーシアム」（代表　平山郁夫氏）が、関係省庁、独立行政法人、教育研究機関、民間団体などにより設立され、国内のネットワークづくりが始まった。

海岸保全区域
海岸保全区域とは、津波や高潮による被害から海岸を防護するための堤防、護岸、離岸堤、突堤、消波工等の施設を設置できる区域を言う。

海中公園地区
海中公園地区とは、自然公園法に基づく国立公園及び国定公園内の海域の区域のうち、サンゴ礁や藻場などのすぐれた海中景観を有する地域について環境大臣が指定する地区。指定された地区においては、工作物の設置、熱帯魚やサンゴ、海草など環境大臣が指定する動植物の採捕などの行為は、環境大臣もしくは都道府県知事の許可が必要となる。

海中特別地区
自然環境保全地区内に海中特別地区を指定し、原生自然環境保全地域内で指定された行為に準ずる行為は許可を受けなければならない。

外務省
ユネスコ、国連大学に関する外交政策の窓口は、国際文化協力室(Multilateral Cultural Cooperation Division)である。

春日大社
古都奈良の文化財の構成資産のひとつ。神の降臨する山として神聖視されていた御蓋山の麓に、藤原氏の氏神を祀った神社。茨城の鹿島神宮から武甕槌命を祀ったのが始まりといわれる。興福寺と同様、藤原氏の勢力拡大とともに社殿が次々と造営された。中世以降は、信仰が庶民の間に広がり、多くの石灯籠、釣灯篭が庶民から寄進され、その数は3,000基近くにもなる。明治の廃仏毀釈により、神社として確立した。武甕槌命が白鹿に乗って来たことから、鹿が神の使いとされ、保護されてきた。

春日山原始林
古都奈良の文化財の構成資産のひとつ。841年

世界遺産関連用語　日本関連

に伐採が禁止されて以来、御蓋山とともに春日大社の社業として保護されてきた原始林。社殿と一体となって形成されてきた大社の文化的景観を構成する資産。1871年に国有地となり、1880年に設定された奈良公園の範囲が1888年に拡張された公園地となった。これにより、寺院・神社と自然が一体となった環境が保存されることとなった。春日山原始林は、1924年に天然記念物に、1955年には特別天然記念物に指定された。2002年に原始林を対象とした巨樹・巨木調査が行われ、巨木1400本余が確認された。また、貴重な植物やシダ類、コケ類、鳥類、昆虫が生息している。周遊道路が自然探勝路として開放され、自動車の通行が認められている区間もあるが、1970年代に原始林の保護のため、森林内への立ち入りは禁止されている。

勝連城跡

琉球王国のグスク及び関連遺産群の構成資産のひとつ。琉球王国統一の過程で、最後まで国王に抵抗した有力按司、阿麻和利の居城跡。太平洋に突き出た勝連半島のほぼ中央の丘陵にあり、石積みの城壁の描くカーブが美しい。11～12世紀の築城といわれ、15世紀に最も栄えた。1458年に中城に居城した按司護佐丸を滅ぼし、王権の奪取を狙って首里城を攻めたが、大敗して滅びた。これによって、首里城を中心とする中山の王権は安定した。現在は、連郭式の城郭が残されており、一の郭からは、中城湾、金武湾、太平洋が見渡せる眺望となっている。

稼働遺産

2015年に世界遺産に登録された「明治日本の産業革命遺産－製鉄・製鋼、造船、石炭産業一」では、旧官営八幡製鉄所の旧本事務所・修繕工場・旧鍛冶工場・遠賀川水源地ポンプ室、三池港、長崎造船所の向島第三ドック・旧鋳物工場併設木型工場・ハンマーヘッド型起重機（ジャイアント・カンチレバークレーン）・占勝閣、橋野高炉跡及び関連施設、および旧集成館に含まれる関吉の疎水溝が稼働遺産とされている。

鎌倉五山

五山とは、南宋の官寺制度にならった禅宗（臨済宗）の寺格で、鎌倉時代の末期北条氏が鎌倉中心の五山制度を選定、足利義満が室町幕府の官寺として制度化した。建長寺を筆頭に、円覚寺、寿福寺、浄智寺、浄妙寺を定めた。

「神宿る島」宗像・沖ノ島と関連遺産群
（Sacred Island of Okinoshima and Associated Sites in the Munakata Region）

「神宿る島」宗像・沖ノ島と関連遺産群は、日本の九州本島、福岡県宗像市の北西60kmの海上にあり、古代祭祀の記録を保存する類まれな「収蔵庫」であり、4世紀から9世紀末まで行われた日本列島と朝鮮半島及び中国などアジア大陸との活発な交流に伴う海道の航海安全祈願のための祭祀の在り方を示す証左である。沖ノ島は、中世以降は宗像大社の沖津宮として祀られ、九州本島－大島－沖ノ島にはそれぞれ市杵島姫神（いちきしまひめのかみ）、湍津姫神（たぎつひめのかみ）、田心姫神（たごりひめのかみ）の宗像3女神を祀る辺津宮－中津宮－沖津宮が配され、広大な信仰空間を築き上げた。今日まで「神宿る島」として継承されてきた。独特の地形学的特徴をもち、およそ8万点もの宝物が出土していることから「海の正倉院」の異名を持ち、膨大な数の奉献品が位置もそのままに遺存する祭祀遺跡が所在する沖ノ島総体によって、この島で行われた500年にもわたる祭祀の在り方が如実に示されている。沖ノ島の原始林、小屋島・御門柱・天狗岩といった岩礁、文書に記録された祭祀行為及び沖ノ島にまつわる禁忌、九州本土及び大島から開けた沖ノ島の眺望もまた、交易の変遷及び信仰の土着化によってその後何世紀もの間に信仰行為や信仰の意味が変容したにもかかわらず、「神宿る島」沖ノ島の神聖性が維持されてきた。2017年5月上旬にイコモス（国際記念物遺跡会議）から登録勧告を受けたが、8件の構成資産のうち沖ノ島と周辺の岩礁の4件の価値のみを認め、辺津宮や中津宮、新原・奴山古墳群、沖津宮遙拝所を登録遺産から外すよう求められたが、日本政府は地元や宗像大社の要望もあって全件の登録を求めて臨み、第41回世界遺産委員会クラクフ会議の審議では、理解を得て逆転に成功し、8件の一括登録が認められた。
文化遺産（登録基準(ii)(iii)）　2017年

環境基本条例

環境基本条例は、環境の保全について、基本理念を定め、並びに県、市町村、事業者および住民の責務を明らかにし、環境保全に関する施策の基本事項を定めることにより、環境の保全に関する施策を総合的かつ計画的に推進し、現在および将来の住民の健康で文化的な生活の確保に寄与することを目的に制定された。

環境教育

環境教育とは、環境省の「環境教育懇談会」（1986年）による環境教育のあり方についての報告書の中で、「人間と環境とのかかわりについて理解と認識を深め、責任ある行動が取れるよう国民の学習を推進すること」と定義している。すなわち、国民一人一人が環境と環境問題に関心、知識を持ち、人間活動と環境との係わりを理解し、環境への配慮を欠いた人間の活動は、環境の悪化をもたらすという認識を深め、生活環境の保全や自然保護に配慮した行動を心掛け、より良い環境の創造活動や自然との触れ合いに主体的に参加し、健全で恵み豊かな環境を国民の共有の資産として次の世代に引き継いでいく環境教育が求められている。

環境経済学

環境経済学は、環境問題がなぜ発生するのか、生態系破壊などの環境破壊の社会的な影響などの環境問題の原因や課題を経済学の観点から分析し、環境を守るためには何が必要なのかなど対策や環境政策を検討する学問である。

環境省

環境省とは、わが国の環境行政を所管する官庁。世界遺産関係の窓口は、自然環境局自然環境計画課が担当している。

環境の日

環境の日は、環境基本法の第10条で新たに設けた日。環境の日は、事業者及び国民の間に広く環境の保全についての関心と理解を深めると共に積極的に環境の保全に関する活動を行う意欲を高めるのを目的に、6月5日と定められた。この日は、ストックホルムでの国連人間環境会議の開催を記念して定められた国連の世界環境デーの日でもある。

環境林

環境林については地域住民による計画を定め、従来の一斉に植林したスギやヒノキ（針葉樹）を、広葉樹・針葉樹の混交した力強い森林へ転換し、効果的な利用を図る公益的機能重視の森林をいう。

観光圏整備法

観光圏整備法は、正式には、「観光圏の整備による観光旅客の来訪及び滞在の促進に関する法律」といい、2008年7月23日から施行、隣接する地方自治体同士の連携による観光地づくりを促し、地域間の連携強化による広域的な観光地の形成が目的で、複数の自治体が観光業者らと共同で、公共交通機関への周遊割引券の導入など事業計画を作成し、国の支援を受けながら国内外からの観光客増加を目指す。

観光庁

観光庁は、2008年10月1日、国土交通省の外局として、観光庁が発足。観光立国を総合的、かつ、計画的に推進し、国際相互理解の増進と地域経済の活性化を図る。

紀伊山地の霊場と参詣道
（Sacred Sites and Pilgrimage Routes in the Kii Mountain Range）

紀伊山地の霊場と参詣道は、日本の中央部、紀伊半島の和歌山県、奈良県、三重県の三県にまたがる。森林が広がる紀伊山地を背景に、修験道の「吉野・大峯」、神仏習合の「熊野三山」、真言密教の「高野山」というように、それぞれ起源や内容を異にする三つの「山岳霊場」と、これらの霊場を結ぶ大峯奥駈道、熊野参詣道（小辺路・中辺路・大辺路・伊勢路）、高野参詣道の「参詣道」からなる。紀伊山地の霊場と参詣道は、紀伊山地の自然環境がなければ成り立つことがなかった「山岳霊場」と「参詣道」、そして、周囲を取り巻く「文化的景観」を特色とする、日本で随一、それに世界でも類例が稀な事例である。紀伊山地の霊場と参詣道は、神道と仏教の神仏習合を反映し、また、これらの宗教建築物群と森

林景観は、1200年以上にわたって脈々と受け継がれてきた霊場の伝統を誇示している。2016年、第40回世界遺産委員会で「熊野参詣道」及び「高野参詣道」について、登録範囲の拡大（軽微な変更）がなされた。
文化遺産（登録基準（ii）（iii）（iv）（vi））
2004年／2016年

規制区域

国土利用計画法においては、都道府県知事は都市計画区域では土地の投機的取引が担当範囲にわたり集中して行われ、または、行われる恐れがあり、及び地価が急激に上昇し、または、上昇する恐れがあると認められる場合、また、都市計画区域外においても同様の事態が生じると思われる場合において、その事態を緊急に除去しなければ適正、かつ、合理的な土地利用の確保が著しく困難となるとの行政判断により、当該区域を「規制区域」に指定することができる。規制区域内での、土地所有権、地上権等の移転設定を目的とした契約を締結しようとする場合は知事の許可を必要とする。

記念物

記念物とは、以下の文化財の総称。
⇒貝塚、古墳、都城跡、城跡旧宅等の遺跡で我が国にとって歴史上または学術上価値の高いもの
⇒庭園、橋梁、峡谷、海浜、山岳等の名勝地でわが国にとって芸術上または鑑賞上価値の高いもの
⇒動物、植物及び地質鉱物でわが国にとって学術上価値の高いもの
国は、これらの記念物のうち重要なものをこの種類に従って、「史跡」、「名勝」、「天然記念物」に指定し、これらの保護を図っている。そのうち特に重要なものについては、それぞれ「特別史跡」、「特別名勝」、「特別天然記念物」に指定している。史跡等に指定されたものについては、現状を変更し、あるいはその保存に影響を及ぼす行為をしようとする場合、文化財保護法により、文化庁長官の許可を要することとされている。規制により財産権につき一定限度を超える損失を生じた場合には補償を要することとされているが、通例、地方公共団体が国庫補助を受けてその土地等を買い取ることにより実質的な補償に配慮している。また、史跡等の活用を広く図るため、国庫補助によりその整備を行っている。

旧広島陸軍被服支廠

広島市最大級の被爆建物「旧広島陸軍被服支廠」（広島市南区）は、1913年に建築され、軍服や軍靴の生産拠点として使用。爆心地の南東約2.7kmにあり、原爆投下直後は被爆者の臨時救護所となった。現存する4棟のうち、3棟を所有する広島県は2019年12月、老朽化などを理由に2棟を解体し、残り1棟の外観のみを保存する方針を明らかにしていた。しかし、被爆者団体などから全棟保存を求める要望書が出され、広島県が2019年12月〜2020年1月に実施したパブリックコメント（意見公募）でも約6割が反対意見だった。広島県は、当初予定していた2020年度の解体作業着手を見送る方針を固めている。本書の筆者である古田陽久は2012年6月19日の中国新聞朝刊や2015年2月2日の広島県経営者協会での講演でも述べているが「国の史跡や重要文化財に指定し既登録の「広島の平和記念碑「原爆ドーム」」（1996年）の登録範囲を拡大、構成資産に加えるべきである」としている。

教王護国寺（東寺）

古都京都の文化財の構成資産のひとつ。平安京造営に際し国家鎮護のために796年に建設された東寺、西寺の二つの官寺のうちの一つである。823年に空海に下賜され真言宗寺院として伽藍が整えられた。平安時代以来の寺地を現在まで維持しており、14世紀から17世紀の建造物が現存している。本堂である金堂は、796年の創建、1603年の再建で入母屋造、本瓦葺の雄大な桃山時代の代表的建築物。五重塔は826年の創建着手であるが、その後4回の焼失に遭い、1643年に再建された。57mの高さは、現存する五重塔の中で最高で、京都の景観的シンボルとなっている。大師堂は空海の住房として建設され、寝殿造を受け継いだ桧皮葺の屋根が優美な形態である。また、西大門に当たる蓮華門は、796年創建、12世紀の再建で現在に至る。

京都五山

南禅寺（別格）、天龍寺、相国寺、建仁寺、東福寺、万寿寺をさす。

京都三大祭

賀茂祭（葵祭）、祇園祭、時代祭。

郷土の森

郷土の森は、地域における象徴としての意義を有する等により、森林の現状の維持について地元市町村の強い要請のある森林を保護し、併せて地域の振興に資する。郷土の森は、地域の象徴としての意義を有し、地元市町村から保全の要請のある森林で、（1）木材産業、農林業等地域の産業との調整が図られていること（2）郷土の森保存協定が締結され、国有林野の管理経営上支障がないことなどの条件を満たすと認められる場合である。

清水寺

古都京都の文化財の構成資産のひとつ。778年に僧延鎮が音羽の滝上に観音を祀ったのか始まりで、798年には坂上田村麻呂が仏殿を建立し、桓武天皇の勅願寺になったと伝えられている。清水の観音として平安時代以来庶民の参詣が絶えず、地主神社も含めて15世紀から17世紀の建造物がある。伽藍の中心となる本堂は、1633年の再建された懸造りの建物で、「清水の舞台」として有名である。前面は、新緑と紅葉の名所としても名高い。西国33か所16番の札所。境内東には、江戸時代初期の借景の技法を用いた成就院庭園がある。

緊急指定種

分類学上新たに報告された種、これまで絶滅したものと信じられていたが再発見された種、あるいは従来わが国に分布しないとされていたが新たに分布が確認された種などは、国内希少野生動植物種に指定するために十分な生物学的データの整備を待つうちに、乱獲が進んでしまうような事態も考えられる。このような場合に必要最小限の情報でも環境大臣が緊急指定種として指定し、捕獲、流通を規制することができる。緊急指定種の指定は3か年の期限付きであ

り、この間に調査を行い国内希少野生動植物種に移行するかどうかの検討を行う。

近郊緑地保全区域

近郊緑地保全区域とは、首都圏や近畿圏の近郊整備地帯において、良好な自然の環境を有する緑地を保全するために指定される区域である。指定区域内の特に枢要な部分は、特別保全地区として厳しく各種の行為が規制され、その代償として土地買い入れ制度が設けられている。

銀山柵内

石見銀山遺跡とその文化的景観の構成資産のひとつ。石見銀山遺跡の中核。採掘から精錬に至るまでの銀の生産活動が一貫して行われたエリアである。仙ノ山と要害山（山吹城）を中心にし、400～500mの山々が連なった320haの範囲で、17世紀に周囲約8kmに柵をめぐらしていたことからこの名がある。16世紀から20世紀に至る生産活動の痕跡が、関連する生活、支配、信仰の痕跡とともに現地にほぼ完全な形で残っている。

近代化遺産

近代化遺産は、江戸時代から第2次世界大戦終結頃までの間に建設され、日本の近代化に貢献した産業、交通、土木に係る建造物である。これらの近代化遺産は、自然災害、開発の進展、技術革新、情報化の進展、生活様式の変化により、消滅の危機にさらされているものが多い。近年は、新たな観光資源、魅力的なまちづくり、伝統産業の振興などの対象として社会的関心が急速に高まっている。群馬県の「富岡製糸場と絹産業遺産群」、九州・山口の6県、福岡県、佐賀県、長崎県、熊本県、鹿児島県、山口県にまたがる「九州・山口の近代化産業遺産群-非西洋世界における近代化の先駆け」などがユネスコの世界遺産登録をめざしている。近代化遺産のある地方公共団体を中心とした全国組織である「全国近代化遺産活用連絡協議会」は、明治初期の中央官庁で、鉄道、造船、鉱山、製鉄、電信等の事業を所管した工部省の設立日である10月20日を「近代化遺産の日」と定めている。

世界遺産関連用語　日本関連

金を中心とする佐渡鉱山の遺産群

金を中心とする佐渡鉱山の遺産群は、400年以上にわたって国内外の採掘技術・手法を導入し発展させることにより、一連の鉱山技術・鉱山経営手法に基づく文化的伝統を形成した。それは佐渡鉱山の一群の遺跡・建造物・鉱山都市・集落として良好に継承されており、アジアの他地域の鉱山においては今や見ることのできない極めて希少な物証である。また近世から近代にかけての鉱山技術及び鉱山経営手法の導入・発展の各段階を代表する技術の集合体としての傑出した類型である。それに近代以前の採鉱から製錬に至る一連の鉱山技術及び鉱山経営手法は、明治維新後の西洋鉱山技術の導入により、佐渡においてさらなる変容・発展をとげ、国内及びアジアの鉱山開発にも影響を与えた。更に佐渡鉱山において製造された金貨幣は江戸幕府の社会・経済体制の重要な基盤を成すとともに、佐渡鉱山から産出した金は明治以降においても政府の基盤を成し、結果的に金本位制を基準とする国際経済にも大きな影響を与えた。従って、佐渡鉱山は、日本のみならずアジアを代表する稀有な鉱山の遺産として「顕著な普遍的価値」を有する。

グスク

琉球王国において王などの居城のことをさす。「城」と書いて「グスク」或は「スク」と読む。

熊野参詣道

霊場「熊野三山」への参詣道。経路により、大きく三種類に分類できる。第一は、紀伊半島の西岸を通行するもので、「紀路」と呼ばれる。この経路は、さらに途中で二本に分岐し、紀伊半島を横断して山中を通る「中辺路」と海岸沿いを通る「大辺路」となる。第二の経路は、紀伊半島の東岸を通る「伊勢路」。第三の経路は、紀伊半島中央部を通り、霊場「高野山」と「熊野三山」を結ぶ「小辺路」である。

景観

景観とは、人間の目の視覚で見た事物をいう。一般的には、「風景」と同様に使用されるが、「風景」は視覚で捉えた事物を見る人の心情や知識などを介して主観的に見た場合、「景観」は視覚で見た事物を客観的、科学的に見た場合に、「景色」は眺望した自然の風景に対して使用されることが多い。2004年の景観法の制定、景観保全に係る地方自治体の景観条例を背景に、居住者が景観の恩恵を受ける景観利益の法的保護が認められるようになっている。景観の主たる構成要素からは、自然景観、文化的景観、歴史的景観、景観の視点からは、眺望景観、囲繞景観に分類される。また、2004年の文化財保護法の改正によって、「文化的景観」の保護制度が設けられた。自然公園法の、国立公園、国定公園の特別保護地区は「景観の維持」を目的として指定されるが、ここでの「景観」は、「生態系」を意味する。

景観条例

景観条例は、景観づくりに関し必要な事項を定めることにより、その施策を総合的かつ計画的に推進し、地域の特性を活かした魅力ある景観を守り、もって誇りと愛着の持てる魅力あるまちづくりに資することを目的とする。

景観法

景観法とは、日本初の景観に関する総合的な法律で、日本の都市、農山漁村等における良好な景観の保全、形成を促進するための国土交通省所管、環境省と農林水産省の共管の法律で、2004年6月に制定され、12月に施行された。(1)良好な景観の保全・形成に関する基本理念や住民、事業者、行政の責務、(2)景観計画の策定手続きや土地利用に係る行為規制、(3)景観重要建造物、景観重要樹木といったランドマークの保護、(4)景観重要公共施設の景観計画に即した整備、(5)景観地区の指定等都市計画との調整、(6)景観協定、景観整備機構等の仕組みなどが主な内容である。景観緑三法として、景観法の制定と同時に、景観法の施行に伴う関係法律の整備等に関する法律、都市緑地保全法等の一部を改正する法律など関連法の整備・改正が行われた。

原生自然環境保全地域

原生自然環境保全地域は、人の活動の影響を受

けることなく原生の状態を維持している地域。自然環境保全法に基づいて指定し、自然環境の保全に努めている。遠音別岳、十勝川源流部、大井川源流部、南硫黄島、屋久島の5地域（5,631ha）が指定されている。

建造物

建造物は、2008年9月現在、2,338件4,235棟、国宝・重要文化財に指定されている。指定文化財建造物のうち約9割が木造建築。これらの保存には、適切な時期に大小の保存修理が必要。修理事業は所有者または管理団体が行うが、小修理を除き大半は国の補助事業として実施されている。わが国の歴史的建造物はほとんどが木で作られており、さらにその多くは屋根が茅や檜皮のような植物性の材料で葺かれているため、火災に対し極めて脆弱である。このため、文化庁では、防災設備の設置について必要な補助を行うことなどによりその保護を図っている。このほか、日本の近代化に大きな役割を果たしてきた産業、交通、土木に係る構造物については、技術革新や産業構造の変化等により取り壊しが進んでいる。このような構造物が、わが国の近代化を担いながらも現在失われつつある状況の中で、近代化遺産としての物件の特定及び保存のための調査、及びそれに基づく指定を行っている。これまでに、秋田県の藤倉水源地水道施設、群馬県の碓氷峠鉄道施設、長野県の読書発電所施設、大分県の白水溜池堰堤提水利施設などが重要文化財に指定されている。

公園

公園とは、都市公園法第2条及び都市計画法第11条第1項～第2項に該当する土地。園路、広場、花壇、砂場、植物園、動物園、野外ステージ、プール、陳列館、売店、駐車場などの敷地を言う。公園に関しては、自然公園法、都市公園法等がある。法制上の公園としては、国、または、地方公共団体の営造物（皇居外苑、京都御所、都市公園等）と一定の区域を指定して、区域内の風致景観を維持する公園（国立公園、国定公園、自然公園等）がある。

公園計画

公園計画は、自然公園の保護と利用を適正に行

うために、それぞれの公園ごとに公園計画が定められており、保護計画と利用計画に大別される。保護計画には、一定の公用制限のもとで風致景観の維持を図るため風致景観の特質、公園利用上の環境保全の必要性等に応じて「特別保護地区」、「第1種、第2種、第3種特別地域」、「普通地域」に区分する保護規制計画と、荒廃した植生の復元を図る植生復元施設など、風致景観の保護や利用上の安全を確保するために必要な施設に関する保護施設計画がある。一方、利用計画には適正な公園利用を図るために一定の利用を制限、禁止する措置等を定める利用規制計画と、自然公園にふさわしい利用施設を計画的に配置するための利用施設計画がある。

高野山

紀伊山地の霊場と参詣道の構成資産のひとつ。弘法大師空海が、真言密教の修行道場として開いた聖地。総本山金剛峯寺を中心に多数の堂塔伽藍が立ち並び、1200年の法灯を今に伝える。

高野山町石道

紀伊山地の霊場と参詣道の構成資産のひとつ。紀ノ川から高野山へ登る総延長24kmの参詣道。江戸時代まで最もよく利用された参詣道で、慈尊院から高野山奥院まで卒塔婆形の町石が1町（約109m）ごとに立てられている。町石には伽藍からの町数、金剛界・胎蔵界諸尊の梵字、寄進者名、建立年月日などが刻まれた石標220基が現存する。

国際文化協力室

(Multilateral Cultural Cooperation Division)
ユネスコ（国連教育科学文化機関）、国連大学に関する外交政策を担当する日本の外務省の部局。

国際連合大学

国際連合大学は、わが国に本部を置く数少ない国連機関の一つである。国際連合大学は、1973年の国連総会の決議によって設置が決められ、大学本部建物は、1992年6月に東京都渋谷区に完成した。この大学は、普通の教育機関のように学生やキャンパスはなく、人類の生存、発展

及び福祉という世界的な問題を、途上国からの研究者の参画も得て、学際的な研究を推進することを目的としている。環境関連のテーマにはゼロエミッションなどがある。

国定公園
国定公園は、国立公園に準ずる自然の風景地で、都道府県の申出をうけ、環境省大臣が自然環境保全審議会の意見を聞いて指定するが、管理は都道府県が行う。現在、57公園が指定されている。

国内希少野生動植物種
国内希少野生動植物種とは、「絶滅の恐れのある野生動植物の種の保存に関する法律」により、レッドデータブックなどの生物学的データに基づく、日本において絶滅のおそれのある種。2020年2月10日現在、356種が指定されている。指定種については、捕獲、採取、殺傷及び損傷が規制されるとともに、個体などの譲渡なども学術研究目的などの場合を除いて原則禁止、輸入についても規制される。また、必要に応じて、生息地等保護区を指定し、或は、保護増殖事業を実施する等により、適切に保護を図ることとしている。なお、日本以外でも生息し、国際的には絶滅の危険はないとされる種であっても、わが国では危険と判断される場合には指定対象となるが、外来種や、ごく稀にしか渡来または回避しない種は、指定対象とならない。

国宝
国宝とは、重要文化財のうち世界文化の見地から特に価値の高いものをいう。

国有林
国有林は、わが国の森林のうち、約3割を占めている。国有林は、全国各地に広がり、その多くは、地形の急峻な奥地の山々や河川の源流に分布している。また、民有林に比べて原生的な天然林が広く分布し、野生動植物の生息地や生育地として重要な森林も多く含まれている。こうしたことは保安林の約5割、国立公園の約6割が国有林であることからもわかる。

国立公園の管理機構
国立公園における自然保護、適正な公園利用の推進、公園利用者への自然解説などの様々な業務を行うため、各国立公園には自然保護官（レンジャー）が配置されている。

国立西洋美術館本館
世界遺産暫定リスト記載物件。国立西洋美術館は、東京都台東区上野公園にある。フランス政府から寄贈返還された実業家の松方幸次郎氏が収集した印象派の絵画およびロダンの彫刻を中心とするフランス美術作品である松方コレクションを基礎に、西洋美術に関する作品を広く公衆の観覧に供する機関として、1959年4月に発足した。国立西洋美術館の施設は、本館、新館、渡り廊下、企画展示館からなる。このうち、本館は「近代建築の巨匠」として名高いフランス人建築家ル・コルビュジエの設計により1959年に竣工した。地上3階、地下1階、塔屋1階の鉄筋コンクリート造りの歴史的建造物（延床面積 4,399平方メートル）で、1959年6月開館し、1998年には「公共建築百選」に選定されている。フランス政府とル・コルビュジエ財団が中心となって、世界の7か国17か所に存在するル・コルビュジエの設計した建築作品を「ル・コルビュジエの建築作品－近代建築運動への顕著な貢献－」として2016年に世界遺産登録された。

国立文化財機構
独立行政法人国立文化財機構は、2007年（平成19年）4月に「独立行政法人国立博物館」と「独立行政法人文化財研究所」が統合され発足した。国立文化財機構は、東京国立博物館、京都国立博物館、奈良国立博物館、九州国立博物館の4博物館を設置し、有形文化財を収集し、保管して国民の皆様の観覧に供するとともに、4博物館と東京文化財研究所、奈良文化財研究所、アジア太平洋無形文化遺産研究センターの計7施設にて文化財に関する調査及び研究等を行うことにより、貴重な国民的財産である文化財の保存と活用を図ることを目的としている。

古都京都の文化財（京都市　宇治市　大津市）
（Historic Monuments of Ancient Kyoto

（Kyoto, Uji and Otsu Cities））

古都京都の文化財は、794年に古代中国の都城を模範につくられた平安京とその近郊が対象地域で、平安、鎌倉、室町、桃山、江戸の各時代にわたる建造物、庭園などが数多く存在する。世界遺産に登録されている物件は、賀茂別雷神社（上賀茂神社）、教王護国寺（東寺）、比叡山延暦寺、仁和寺、宇治上神社、西芳寺（苔寺）、鹿苑寺（金閣寺）、龍安寺、二条城、賀茂御祖神社（下鴨神社）、清水寺、醍醐寺、平等院、高山寺、天龍寺、慈照寺（銀閣寺）、西本願寺の17社寺・城で、宇治市と滋賀県の大津市にも及ぶ。古都京都には、約3000の社寺、2000件を越える文化財の中から、（1）世界遺産が不動産に限られている為、建造物、庭園を対象に、（2）国内で最高ランクに位置づけられている国宝（建造物）、特別名勝（庭園）を有し、（3）遺産の敷地が史跡に指定されているなど、遺産そのものの保護の状況に優れているものの代表として17の物件が基本的に選び出され、古都京都の歴史とこの群を成す文化財が総体として評価された。歴史的、また、建造物的にもきわめて重要な桂離宮、修学院離宮などを、今後、追加登録するべきだという声も多くある。
文化遺産（登録基準（ii）（iv））　1994年

古都奈良の文化財
（Historic Monuments of Ancient Nara）
古都奈良の文化財は、聖武天皇（701〜756年）の発願で建立された官寺で、金堂（大仏殿）、南大門、三月堂（法華堂）など8棟（正倉院正倉を含む）が国宝に、18棟が重要文化財に指定されている東大寺、神の降臨する山として神聖視されていた御蓋山の麓に、藤原氏の氏神を祀った神社の春日大社、大社の文化的景観を構成する特別天然記念物の春日山原始林、藤原氏の氏寺として建立され五重塔が象徴的な興福寺、6世紀に蘇我馬子が造営した飛鳥寺が平城京に移された元興寺、天武天皇の発願で建立された官寺の薬師寺、戒律を学ぶための寺として唐僧・鑑真が759年に創建した唐招提寺、平城京の北端にある宮城跡で、国の政治や儀式を行う大極殿や朝堂院、天皇の居所である内裏、役所の遺跡で特別史跡の平城宮跡の8遺産群からなる。この中には、国宝25棟、重要文化財53棟、計78棟の建造物

群が含まれ、遺産の範囲は、遺産本体の面積が616.9ha、緩衝地帯が1962.5ha、歴史的環境調整地域が539.0ha　合計3118.4haに及ぶ。遺産を構成する建造物は、8世紀に中国大陸や朝鮮半島から伝播して日本に定着し、日本で独自の発展を遂げた仏教建築群で、その後の同種の建築の規範として大きな影響力を保ち続け、また、神道や仏教など日本の宗教的空間の特質を表す顕著で重要な事例群であることが評価された。「古都奈良の文化財」の世界遺産登録範囲へのインパクトが懸念される大和北道路（京奈和自動車道の一部）の建設について、世界遺産委員会は、大和北道路の建設は、世界遺産「古都奈良の文化財」の顕著な普遍的価値や完全性を損なわないことに留意し、締約国である日本に対して、不測事態時の地下水位の変動防止の為の適切な地下水監視システムの確立やリスク軽減計画の策定を勧告している。
文化遺産（登録基準（ii）（iii）（iv）（vi））
1998年

古都保存法
古都保存法は、1966年に公布された法律で、市街化の進展等に伴う古都の歴史的風土の保存を図ることが目的の法律。現在、この古都に指定されているのは、京都市、奈良市、鎌倉市、逗子市、天理市、橿原市、桜井市、斑鳩町、明日香村の9市町村。古都保存法の国の所管は、国土交通省都市・地域整備局公園緑地課。正式名称は「古都における歴史的風土の保存に関する特別措置法」。

コミュニティ
コミュニティとは、良き住民性に支えられた理想の地域社会を実現しようとする人々の営みのこと。または、これによって成り立つ地域社会のこと。

座喜味城跡
琉球王国のグスク及び関連遺産群の構成資産のひとつ。座喜味城跡は、1420年に有力な按司（首長）であった護佐丸によってに築城された城跡。護佐丸は、中山王の尚巴志と共に北山や南山と戦い琉球王国統一に活躍した武将である。琉球王国成立の初期、首里城と緊密な連携

を図る防衛上の必要性から、眺望可能な標高120mの小高い丘の上に造営され、北山の滅亡後も旧勢力を監視する役割を果たした。グスクは、2つの郭からなる連郭式と呼ばれる方式で築城されており、沖縄最古のものといわれる切石で組んだアーチ型の石造り門が残っている。城壁は、琉球石灰岩を使用し、屏風状に築かれている。グスク内には、建物遺構のほか、守護神を祀った拝殿がある。座喜味城跡の一帯は、城跡公園として整備され、東シナ海、残波岬を一望することができる。

里山

里山とは、身近なクヌギなどの雑木林や田んぼなど日本人の原風景、或は、たき木や堆肥の採取など人間の暮らしと関わりが深い人手が加わった身近な自然をいう。地形的に山とは限らない為、里山林、里地と呼ばれることもある。

識名園

琉球王国のグスク及び関連遺産群の構成資産のひとつ。識名園は、首里城の西南2km、湧水に富んだ高台にある華麗な琉球庭園。1799年に造営され琉球国王尚家の保養の場としての別邸として、また、国皇帝の使者である冊封使の接待など迎賓館としても使用され、王府の外交面において重要な役割を果たした。広い心字池を中心に、中国風のあずまやの六角堂、石造のアーチ橋、灯籠、中島などがある廻遊式庭園で、池の周囲に御殿、築山、花園を配置している。御殿は、当時の王国の上級階級だけに許された赤瓦屋根の木造平屋建築で、軒などに琉球地方独特の民家風の趣を取り入れている。近世日本の琉球地方において確立した独自の庭園デザインを示す貴重な事例である。沖縄戦で御殿や亭は壊滅したが復帰後20年余りの歳月を費やして復元された。首里城の南に位置することから、別名「南苑」、俗に「シチナヌウドゥン」（識名の御殿）とも呼ばれている。

史跡

史跡とは、貝塚、古墳、都城跡、城跡、旧宅等の遺跡でわが国にとって歴史上または学術上価値の高いものをいう。

自然遺産への登録手順

自然遺産への登録手順は、関係自治体の同意を得て、外務省、環境省、林野庁、文化庁、国土交通省、内閣府からなる世界遺産条約関係省庁連絡会議で決定し、世界遺産リストへの登録は、締約国から物件の推薦を受けて、世界遺産委員会が決定する。登録に際しては、国際自然保護連合（IUCN）から派遣された科学者などの専門家による厳格な現地調査を含む審査報告書がIUCNにより作成され、この報告書を基に遺産委員会が厳しい審査を行う。

自然環境保全基礎調査

自然環境保全基礎調査は、一般に、「緑の国勢調査」と呼ばれ、全国的な観点からわが国の自然環境の現況および改変状況を把握し、自然環境保全の施策を推進するための基礎資料を整備するために実施している調査で、植生調査、特定植物群落調査、動植物分布調査をはじめ、河川、湖沼、海岸調査など、自然環境保全法に基づき概ね5年毎に実施されている。これらの調査結果は、報告書や分布図などに取りまとめられており、自然環境保全施策や自然公園管理業務のみならず、国土利用計画、全国総合開発計画などの全国計画や環境アセスメントなどの基礎資料として広く活用されている。

自然環境保全基本方針

自然環境保全基本方針は、自然環境保全法に基づき、1973年10月26日閣議決定されたもの。内容は、①自然環境保全に関する基本思想、②自然環境保全法に基づく地域指定、その他それらの地域に係る自然環境保全に関する基本的事項、③自然環境保全法に基づく指定地域と、他の自然環境の保全を目的とする法律に基づく指定地域との調整に関する基本方針などにより構成されている。

自然環境保全地域

自然環境保全地域は、下記に示すようなすぐれた自然環境を維持している地域で、自然環境保全法に基づき指定し、自然環境の保全に努めている。
⇒高山・亜高山性植生（1,000ha以上）、
　すぐれた天然林（100ha以上）

⇒特異な地形・地質・自然現象（10ha以上）

⇒すぐれた自然環境を維持している河川・
　湖沼・海岸・湿原・海域（10ha以上）

⇒植物の自生地・野生動物の生息地のうち、

⇒～⇒と同程度の自然環境を有している地域
　（10ha以上）

現在、10地域（21,593ha）が指定されている。

自然観察指導員

自然観察指導員は、自然観察会をはじめとする野外活動のボランティア指導者として活動し、地域の自然保護思想の普及の核となり、自然のしくみを理解し自然を大切に思う仲間づくりを進めるため日本自然保護協会が開催する自然観察指導員講習会の全課程を終了し、⇒日本自然保護協会に登録した人をいう。全国の約1万人が登録、活躍している。正式名称は、⇒日本自然保護協会自然観察指導員、または、NACS-J自然観察指導員。

自然公園

自然公園は、優れた自然の風景地を保護するとともに、施設を整備して保健、休養などに役立たせるために、日本では昭和6年に国立公園法が制定され、瀬戸内海国立公園をはじめとする国立公園が指定された。昭和32年からは自然公園法と名が変わり、現在では、国立公園、国定公園、都道府県知事が条例に基づいて指定する都道府県立自然公園の3種類がある。世界で最初の自然公園は、アメリカのイエローストーン国立公園。

自然公園指導員

自然公園指導員は、国立、国定公園において、自然環境の美化清掃、事故の予防、適正な利用の仕方や、動植物の保護について利用者などの指導を行うとともに、適切な情報を収集し、自然公園の目的である国民の保健、休養及び教化に寄与するとともに自然環境の保全に資することを目的としている。環境省自然環境局長が適任者をボランティアとして委嘱している。

自然公園法

自然公園法は、すぐれた自然の風景地を保護するとともに、その利用の増進を図り、国民の保健等に資することを目的に1957年6月1日に制定されたもので、自然公園として、国立公園、国定公園及び都道府県立自然公園を定義している。国立公園は、環境省大臣が自然環境保全審議会の意見を聞き、区域を指定する。国定公園は、環境省大臣が関係都道府県の申出により審議会の意見を聞き指定する。都道府県自然公園は、条例の定めるところにより、都道府県が定める。環境省大臣は、国立公園及び国定公園の区域内に、その風致を維持するため特別地域をその中でも特に景観を維持するための特別保護地区を指定することになっている。海中の景観を維持するために、海中公園地区を指定することとなっている。特別地域及び海中公園地区に含まれない区域は普通地域と定めている。特別区域内における工作物の設置や土地形状の変更、屋根等の色彩の変更などは、環境省大臣及び都道府県知事の許可が必要で、特別保護地区となると木竹の植栽にいたるまで許可が必要である。海中公園地区も同様である。なお、特別地域については、保護地区を除き、必要性の内容により、第一種特別地域、第二種特別地域、第三種特別地域に区分されている。普通地域内における、一定規模以上の工作物（建築物であれば、高さ13m、または、延べ面積1,000㎡の新築、土地の形状変更等は、都道府県知事に対し、行為の種類、場所、施行方法などについて届出が必要である。都道府県自然公園区域内における行為については、条例で規制されている。

自然保護官

全国の地方環境事務所及び自然環境事務所、国立公園等に設置された自然保護官事務所の職員のうち、自然保護官として発令された者をいう。一般的には、環境省の出先機関である地方環境事務所の管轄の下に国立公園や野生生物関係の現場で管理を行っている職員をさす。以前は「国立公園管理員」、「国立公園管理官」などと呼ばれていたが、2000年より「自然保護官」と変更になった。特に国立公園を管轄する自然保護官をレンジャー、或はパークレンジャーと呼んでいる。

世界遺産関連用語　日本関連

自然保護憲章

自然保護憲章は、自然の大切さと自然に対する心構えをまとめた国民の総意として、1974年6月5日、国民各界の代表者で組織された自然保護憲章制定国民会議において制定された全国民的な憲章であり、自然を尊び、自然を愛し、自然に親しむ、自然に学び、自然の調和を損なわないようにする、美しい自然、大切な自然を永く子孫に伝えることなどがもられている。

自然保護事務所

環境省自然保護局の出先機関として配置されていたが、2005年10月に自然保護事務所と地方環境対策調査官事務所が再編され、「地方環境事務所」が発足した。

慈尊院

紀伊山地の霊場と参詣道の構成資産のひとつ。金剛峯寺建設と運営の便を図るため、高野山下20kmの紀ノ川南岸に9世紀に創建された寺院。弘法大師が高野山の表玄関として開祖。高野山の政所として雑務を行った所。参詣道「高野山町石道」の登り口にあり、参詣者が一時滞在する所となって信仰を集めた。本堂である阿弥陀堂には本尊の国宝弥勒菩薩が安置されている。女人禁制の高野山へ入山できない女性が参拝したため、女人高野とも呼ばれる。現在の建物は、14世紀に再建され、1540年に増改築されたもの。

自動車等の乗入れの規制

自動車等の乗入れの規制は、近年普及の著しいスノーモービル、オフロード車、オフロードバイク、モーターボート、水上バイク等の乗入れによる植生や野生動植物の生息・生育環境への被害を防止するため、1990年12月から国立公園、または、国定公園の特別地域のうち環境大臣が指定する区域においては、これらの行為が規制されるようになった。

重要地域

重要地域とは、環境省が、日本の多様な生態系を保全する為、生物学的特性から国土を10地域に区分した区域ごとの生物学的特性を示す生態系を有する396地域(北海道東部のエゾマツ・トドマツ林、本州北部のブナ林、本州中部太平洋側のスタジイ林など各区分の生物学的な特性を示す重要な植生がまとまった面積で分布している地域)と区域内の環境要因の違いにより特徴づけられる重要な生態系1195地域をいう。

重要地域情報

重要地域情報とは、生物多様性保全のための国土区分に基づく各区域の特性を踏まえた生態系レベルでの生物多様性保全の基盤となる情報で、わが国の国土の保護地域施策の総合的な検討等、様々な取組みに活用されている。

重要文化財

重要文化財とは、建造物や美術工芸品などの有形文化財のうち重要なものをいう。

重要文化的景観

重要文化的景観とは、日本の景観計画区域または、景観地区内にある文化的景観であって、都道府県または市町村が保存措置を講じているものの中で、特に重要なものとして国が選定した文化財である。2020年5月現在、アイヌの伝統と開拓による沙流川流域の文化的景観(北海道沙流郡平取町)、遠野 荒川高原牧場 土淵山口集落(岩手県遠野市)、一関本寺の農村景観(岩手県一関市)、佐渡相川の鉱山及び鉱山町の文化的景観(新潟県佐渡市)、高島市海津・西浜・知内の水辺景観(滋賀県高島市)、近江八幡の水郷(滋賀県近江八幡市)、智頭の林業景観(鳥取県智頭町)、遊子水荷浦の段畑(愛媛県宇和島市)、小鹿田焼の里(大分県日田市)、蕨野の棚田(佐賀県唐津市)、通潤用水と白糸台地の棚田景観(熊本県上益城郡山都町)、長崎市外海の石積集落景観(長崎県長崎市)、今帰仁村今泊のフクギ屋敷林と集落景観(沖縄県今帰仁村)など65件が選定されている。

重要無形文化財

重要無形文化財は、演劇、音楽、工芸技術、その他の無形の文化的所産でわが国にとって歴史上または芸術上価値の高い無形文化財のうち特に重要なものをいう。

世界遺産関連用語 日本関連

重要無形民俗文化財

重要無形民俗文化財は、衣食住、生業、信仰、年中行事等に関する風俗慣習、民俗芸能など、人々が日常生活の中で生み出し、継承してきた無形民俗文化財のうち特に重要なものをいう。

重要有形民俗文化財

重要有形民俗文化財は、衣食住、生業、信仰、年中行事、民俗芸能等に用いられる衣服、器具、家屋、その他の物件で人々の生活の推移を示す有形民俗文化財のうち特に重要なものをいう。

首里城跡

琉球王国のグスク及び関連遺産群の構成資産のひとつ。首里城は、450年の歴史を誇る琉球王朝のシンボル。三山時代は中山国王の居城であったが、1429年に王国が統一されてからは、1879年に至るまで、歴代の国王の居城として琉球王国の政治・外交・文化の中心的な役割を果たした。第2次世界大戦の戦禍によって消失したが、1992年に復元された。正殿は、政務や儀式が行われた重要な建物で、沖縄最大の木造建築物。鮮やかな朱色や龍の文様などは中国の影響が、構造形式や唐破風屋根などは日本の影響がみられ、琉球建築の特質をよく備えている。守礼門は、琉球王国の成立を記念して尚清王の時に建てられたが、現存の建物は戦後復元された。

浄土思想

浄土思想とは、「南無阿弥陀仏」を唱えれば死後に極楽浄土に往生し成仏できるという仏教の教えである。「浄土」という言葉は中国での認識であるが、思想的にはインドの初期大乗仏教の「仏国土」がその原型で、多くの仏についてそれぞれの浄土が説かれている。日本には、7世紀前半に、浄土思想を基調とする浄土教が伝えられ、9世紀前半には、入唐八家（最澄・空海・常暁・円行・円仁・恵運・円珍・宗叡）の一人である円仁（えんにん　794～864年）が中国・山西省の霊山である五台山の念仏三昧法（諸仏の徳を讃嘆し供養することが大切な行とされ、三昧に入って念仏を唱えることがその行とされた）を比叡山に伝えた。その後、良源

（912～985年）が「九品往生義」、源信（942～1017年）が「往生要集」を著して、天台浄土教が盛行するに至る。藤原道長を父にもつ平安時代の公卿で、摂政・関白・太政大臣であった藤原頼道（992年～1074年）が築いた平等院（世界遺産「古都京都の文化財」の構成資産の一つ）も浄土思想に基づくものである。平安時代の浄土思想は、主に京都の貴族の信仰が中心であったが、平安中期の僧・空也（903年～972年）は庶民に対しても浄土教を広めた。浄土思想は、平安時代末期の戦乱を背景に11・12世紀に広まった。その中で、奥州藤原一族の初代藤原清衡（1056年～1128年）も非戦を決意して平泉に移り住み、平和への願いから極楽浄土に見立てたまちづくりを進めたとされている。

植生自然度

国土は、原生林や、湿原など自然性の高い地域から、人為の強く加わった農耕地、市街地まで、さまざまな自然状況に置かれている。緑の国勢調査（植生調査）では、国土の自然の状況を把握するために、植生群落を人為の影響の度合や遷移の進行程度などに応じて10区分の植生自然度に分類している。例えば、尾瀬の湿原の植生自然度は10であり、市街地の植生自然度は1というように表現されている。

植物群落保護林

植物群落保護林は、わが国、または地域の自然を代表するものとして保護を必要とする植物群落及び歴史的、学術的価値等を有する個体の維持を図り、併せて森林施業、管理技術の発展、学術研究等に資する保護林。森林生態系保護地域、森林生物遺伝資源保存林、林木遺伝資源保存林の保護林の区域以外の地域であって、(1) 希少化している植物群落が存する地域 (2) 全国的には比較的一般的な植物群落であるが、分布限界等に位置する植物群落が存する地域 (3) 湿地、高山帯等、特殊な立地条件の下に成立している植物群落が存する地域 (4) 歴史的、学術的に価値の高いものとして伝承されてきた巨木等が存する地域 (5) その他保護が必要と認められる植物群落及び個体が存する地域のうち、特に保護を必要とする区域をいう。

世界遺産関連用語　日本関連

白神山地（Shirakami-Sanchi）

白神山地は、青森県、秋田県にまたがる広さ170km²におよぶ世界最大級の広大なブナ原生林。白神岳を中心に1000m級の山々が連なる。白神山地のブナ林は、8000年近い歴史をもち、縄文時代の始まりとともに誕生したと考えられており、縄文に始まる東日本の文化は、ブナの森の豊かな恵みの中で育まれてきた。古代の人々の生活そのものの狩猟、採取はブナの森の豊かさに支えられ、現代の私たちもブナの森の恵みに預かっている。世界遺産登録区域は、16,971ha（青森県側　12,627ha、秋田県側4,344ha）であり、世界最大級のブナ原生林の美しさと生命力は人類の宝物といえ、また、白神山地全体が森林の博物館的景観を呈している。植物の種類も豊富で、アオモリマンテマ、ツガルミセバヤ等500種以上にのぼり、ブナ群落、サワグルミ群落、ミズナラ群落等多種多様な植物群落が共存している。動物は、絶滅の恐れがある国の天然記念物のイヌワシをはじめ、本州では珍しいクマゲラ等の鳥類、哺乳類では、ニホンカモシカ、ニホンツキノワグマ、ニホンザル、ホンドオコジョ、ヤマネ等、また、昆虫類は、2000種以上の生息が確認されている。

自然遺産（登録基準（ix））　1993年

白神山地の自然保護運動

白神山地の自然保護運動は、日本の自然保護運動史のなかでも画期的なものであった。1978年、青森県と秋田県の両県が事業主体となる白神山地を縦断する青秋林道（青森県西目屋村－秋田県八森町の間の29.6km）計画が明らかになった。1982年5月、秋田県の自然保護団体が、白神の水を守ることを柱にブナ原生林の保護を訴え、林道の見直しを求めた。青森県の自然保護団体も、同年7月から自然保護運動を開始、世界最大規模のブナ原生林に人手を加えると、学術的価値を損なうなどと主張した。日本自然保護協会も、両県の自然保護団体を応援し、ブナ原生林を残してほしいという全国的な自然保護運動を展開した。1983年10月、櫛石山南麓の赤石川流域で、国の天然記念物のクマゲラを発見、1985年の秋田県側のルート変更などを契機に、手詰まり感のあった白神山地の自然保護運動は攻勢に転じた。1990年、林野庁は、白神山地の

コア・ゾーンを森林生態系保護地域に設定、青秋林道建設中止が決定した。1992年、環境省は、自然環境保全地域に指定、1993年、ユネスコの世界遺産リストに登録された。

白川郷・五箇山の合掌造り集落
（Historic Villages of Shirakawa-go and Gokayama）

白川郷・五箇山の合掌造り集落は、岐阜県（白川村荻町）と富山県（南砺市相倉、菅沼）の3集落にある国内では珍しい大型の木造家屋89棟の「合掌造り」の集落。「合掌造り」と集落の歴史的景観を形成する周辺の自然環境が、わが国6番目の世界遺産の指定対象地域（約68ha）になっている。「合掌造り」とは、勾配が60度に急傾斜している屋根を丈夫にする為のサシという特殊構造を用いた切妻屋根茅葺木造家屋のことで、豪雪などの自然環境に耐え、養蚕に必要な空間を備えた効率的な造りになっており、大変ユニーク。これらの集落は、庄川上流の日本有数の山岳・豪雪地帯にあり、釘やカスガイを使わない建築様式、板壁の使用、年中焚かれるいろりの煙が果たす防虫効果など厳しい地形と気候風土の中で培われた独自の伝統的生活様式の知恵が結集され、「日本の心のふるさと」ともいえるノスタルジックな風土が独特の文化を形成している。このように、合掌造り家屋がまとまって残り、良好に保存された周囲の自然環境と共にかつての集落景観を保持する3集落の普遍的価値が、世界遺産としての評価を得、現に今も人々が暮らす民家群が人類の遺産として認められたことは、大変意義深い。かつて秘境と呼ばれた白川郷・五箇山へも、現在は飛越峡合掌ライン等が整備され、冬でも訪れることが出来る。

文化遺産（登録基準（iv）（v））　1995年

知床（Shiretoko）

知床は、北海道の北東にあり、地名はアイヌ語の「シリエトク」に由来し、地の果てを意味する。知床の世界遺産の登録面積は、核心地域が34,000ha、緩衝地域が37,100haの合計71,100haである。登録範囲は、長さが約70kmの知床半島の中央部からその先端部の知床岬までの陸域48,700haとその周辺のオホーツク海域22,400haに及ぶ。知床は、海と陸の生態系の相互作用を示す複合生態系の顕著な見本であり、海、川、森の各生態系を結ぶダイナミックなリンクは、

世界で最も低緯度に位置する季節的な海氷の形成とアイス・アルジーと呼ばれる植物プランクトンの増殖によって影響を受けている。それは、オオワシ、オジロワシ、シマフクロウなど絶滅が危惧される国際的希少種やシレトコスミレなどの知床山系固有種にとってでもある。知床は、脅威にさらされている海鳥や渡り鳥、サケ科魚類、それにトドや鯨類を含む海棲哺乳類にとって地球的に重要である。2005年7月に南アフリカのダーバンで開催された第29回世界遺産委員会で世界遺産になった。わが国では13番目の世界遺産、自然遺産では3番目で、海域部分が登録範囲に含まれる物件、そしてその生物多様性が登録基準として認められた物件としては、わが国初である。将来的に、その環境や生態系が類似しているクリル諸島(千島列島 ロシア連邦)との2か国にまたがる「世界遺産平和公園」(World Heritage Peace Park)として発展する可能性もある。また、知床の管理面では、誇れる伝統文化を有する先住民族アイヌの参画、そして、エコツーリズム活動の発展も望まれている。2020年には世界遺産登録15周年を迎える。

自然遺産(登録基準(ix)(x))　2005年

知床百平方メートル運動

知床百平方メートル運動とは、1977年、当時の藤谷豊斜里町長が提言した自然保護運動で、知床五湖近くの斜里町岩尾別地区の離農跡地約180ヘクタールを自然保護のため1口8000円で地主を募り、土地を買い取り、植林で原生の森を復元するという計画はたちまち自然愛好家の共感を呼び全国的な運動として発展した。イギリスのナショナルトラスト運動と千葉県成田の一坪地主運動をヒントに発案したものである。知床半島は、秘境として全国に名を知られる一方で「自然保護か開発か」に揺れ続けた場所でもあった。知床の森は、1987年の林野庁北見営林支局(当時)による国有林の伐採など危機的な状況に直面し続けた。知床百平方メートル運動の登録者は、反対運動を行ったが、貴重な木が数多く伐採された。この反対運動を契機に、斜里町に自然保護派の午来昌町長が誕生、林野庁は知床の原生林伐採の全面禁止、知床半島の先端部分の約3万5500ヘクタールを原生的な自然環境の保全を目的とした「森林生態系保護地域」に

指定するなど、開発から保護へと、知床の自然保護は大きく前進することとなった。知床百平方メートル運動の成果は、日本のナショナルトラスト運動の先駆けとして高く評価され、全国の自然保護活動に大きな影響を与えた。この様な地道な自然保護運動を背景に、知床は、2005年に、ユネスコの世界遺産リストに登録された。

神仏習合

日本古来の神の信仰と仏教信仰とを融合させ一つの信仰体系として再構成すること。奈良時代に起こり、明治初年の神仏分離令まで続いた。神宮寺の建立や寺に神がまつられたりした。やがて、仏は本来同じものであるとする方向に向かった。

森林

森林は、木材などの生産のほかに、渇水や洪水を緩和し良質な水を育む水源かん養機能、山地災害の防止機能、二酸化炭素の吸収・貯蔵や騒音防止などの生活環境保全機能、レクリエーションの場の提供、教育の場の提供、野生鳥獣の生息の場などの保健文化機能など多面的な機能を持っている。わが国は、世界有数の森林国で、その国土面積の約7割は森林である。

森林インストラクター

森林インストラクターは、都市住民などの一般の森林利用者に対して、森林及び林業に関する知識を付与し、森林の案内や森林内での野外活動の指導を行う。森林インストラクターの制度は、森林の総合的な利用を推進するとともに、山村及び林業の活性化に資することを目的に1991年度から実施されている。森林インストラクターの試験は、筆記試験(一次試験)のほか、二次試験(実技試験、面接)があり、それに合格しなければならない。受験申込みなどの事務や養成講習会などは、全国森林レクリエーション協会内の森林インストラクター事務局が行っている。

森林公園

森林公園は、森林を主体として、森林や自然の学習や森林レクリエーション活動が行えるよう

世界遺産関連用語　日本関連

に整備された公園のことをいう。

森林所有者

森林所有者は、現実に所有している者、或は、地上権、賃借権等の土地収益権を持っており木竹を所有育成している者をいう。他人に賃貸している場合は、賃借人が森林所有者である。所有形態別では、公有林（①都道府県有林②市町村有林③財産区有林）、私有林（①森林開発公団有林②造林公社・林業公社有林③会社有林④その他法人有林（各種団体、組合、社寺）⑤個人有林）、国有林（大学の演習林、鉄道防風林、大蔵省所管等）。

森林生態系保護地域

森林生態系保護地域は、わが国の国有林野のうち主要な森林帯を代表する原生的な天然林の区域、或は、その地域でしか見られない特徴を有する希少な天然林の区域。森林生態系からなる自然環境の維持、動植物の保護、遺伝資源の保存、森林施業・管理技術の発展、学術研究等に役立てることを目的に設定された保護地域。森林、森林生態系の厳正な維持を図る保存地区（コア・エリア）と保存地区の外周に緩衝の役割を果たす保全利用地区（バッファー・ゾーン）からなる。2020年5月現在、知床、大雪山忠別川源流部、漁岳周辺、白神山地、小笠原母島東岸、南アルプス南部光岳、中央アルプス木曽駒ヶ岳、北アルプス金木戸川・高瀬川源流部、白山、祖母山・傾山・大崩山周辺、屋久島、やんばる、西表島など全国で31か所が指定されている。世界遺産の自然遺産に登録されている白神山地は、全域、屋久島は、95％の区域が森林生態系保護地域として厳正に保護・管理されている。

森林生物遺伝資源保存林

森林生物遺伝資源保存林とは、わが国の自然生態系の類型を代表し、かつ自然状態が十分保存された天然林を主体とした森林で、原則として1,000ha程度以上の規模を目安とするもののうち、特に保護を必要とする地域をいう。

森林法

森林法とは、森林の保護培養と森林生産力の増進を図るため、森林の保護と監督について規定された法律。10年間の全国森林計画に基づき、都道府県知事が一定の森林計画区ごとに5年間の地域森林計画を定め、これに即して施業、伐採、造林等を実施する。昭和26年法律249号。

森林ボランティア

森林ボランティアとは、森林の重要性や必要性について学びながら、荒廃した森林での枝打ち、間伐、植樹など、緑を守り育てる活動に主体的に取り組むボランティアをいう。

菅沼集落

白川郷・五箇山の合掌造り集落の構成資産のひとつ。富山県南砺市菅沼地区の五箇山合掌造り集落。9棟の合掌造り家屋が保存地区内に現存する。

青岸渡寺

紀伊山地の霊場と参詣道の構成資産のひとつ。熊野那智大社に隣接し、那智滝に出現したとされる観音を本尊とする寺院。創立は5世紀前半。1868年の神仏分離令以前は、那智の「如意輪堂」として発展し、神仏習合の形態をよく保っている。西国第一番札所。現在の本堂は1590年に豊臣秀吉が再建したもので、桃山時代の特徴を残し、国の重要文化財に指定されている。本堂後方には三重塔がそびえ、那智大滝とのコントラストが美しい。

生息地等保護区

生息地等保護区は、国内希少野生動植物の生息・生育環境の保全を図るため、必要に応じて指定される。生息地等保護区のうち、特にその種の生息・生育にとって重要な区域は、管理地区として、各種の行為が許可制となり、その残余の区域である監視地区では、一定の行為が届出制となる。また、管理地区内では、車馬の乗り入れ、薬剤散布、火入れなどの行為について、区域と期間を定めて上乗せ規制ができ、さらに特に厳重な保護が必要な場合には、土地所有者の同意があれば、立入制限地区を設けることができる。なお、生息地等保護地区域は、法律上、自然公園や自然環境保全地域の区域との重複は妨げられておらず、各々のケースごとに

当該種の保存を図る観点から、生息地等保護区の指定が必要かどうかが判断される。

生物多様性国家戦略

生物多様性国家戦略は、人間共存の基盤であり、豊かな生活、文化、精神の基盤である生物多様性の保全とその持続可能な利用を進め、自然と共生する社会を実現することを目指して、日本政府は、生物多様性条約に基づいて、生物多様性国家戦略を2002年に策定した。生物多様性国家戦略では、今後重点化すべき施策の3つの方向として、種の絶滅、湿地の減少、移入種問題などへの対応としての保全強化、保全に加えて失われた自然をより積極的に再生していく自然再生、里地里山など人の生活、生産活動域における持続可能な利用を掲げている。

生物多様性保全のための国土区分

生物多様性保全のための国土区分は、環境省自然保護局計画課が文献資料や自然環境保全基礎調査など各種調査結果により、日本の自然環境の特性及び地域の生物学的特性を示す自然科学的な指標について整理し、その指標に基づいて生物学的特性からみた地域のまとまりを概括的に示した試案。植物群集を主な指標として、生物分布の境界線、積算気温、年間降水量を用いて、全国を北海道東部区域、北海道西部区域、本州中北部太平洋側区域、本州中北部日本海側区域、北陸・山陰区域、瀬戸内海周辺区域、本州中部太平洋側区域、紀伊半島・四国・九州区域、奄美・琉球諸島区域、小笠原諸島区域（海洋島嶼）の10の区域に区分している。

世界遺産学

世界遺産学とは、ユネスコの世界遺産を総合的に学ぶ学際的、博物学な学問。自然学、地理学、地形学、地質学、生物学、生態学、人類学、考古学、歴史学、民族学、民俗学、宗教学、言語学、都市学、建築学、芸術学、国際学など地球と人類の進化の過程を多角的に学ぶ総合学問であり、近年では、生涯学習や総合学習のテーマの一つとしても取り上げられつつある。当シンクタンクは、世界遺産学のすすめと紹介について、わが国で、先駆的な役割を果たしてきた。

世界遺産学のすすめ

私たちが世界遺産のことを知ろうとする時、まずどんなことを学ぼうとするだろうか。世界遺産のある国や物件の位置、自然環境や生態系、気候、風土、歴史的背景、世界遺産と人間との関わり、世界遺産を保護管理など、実に、多角的に多くのことを学ぶことができる。「世界遺産学」は、総合的、学際的、そして、国際的な学問であり、サイエンスである。「世界遺産学」は、自然学、地理学、地形学、地質学、生物学、生態学、人類学、考古学、歴史学、民族学、民俗学、宗教学、言語学、都市学、建築学、芸術学、国際学、法律学、環境経済学、行政学、観光学など、地球と人類の進化の過程と未来を学ぶ総合学問であり、いわば、「世界遺産と総合学習の杜」である。世界遺産を有する世界の国と地域は、気候、地勢、言語、民族、宗教、歴史、風土などが異なり、また、素晴らしい芸術、音楽、文学、舞踊、美術、工芸、祭礼、儀式など独自の伝統文化も根づいている。世界遺産そのものの内容を学ぶ時、個々の物件の背景にある様々な分野の学問から得られる知識や情報を総合すれば、関連性や類似性、或は、独自性を発見したりすることが出来る。世界観、国家観、民族観、宗教観、平和観も新たなパラダイムへの転換が必要で、その視座の一つが、地球市民としての「世界遺産学」なのである。この様な視点で物事をとらえた場合、現代社会、そして、政治、経済、社会のシステムも時代のニーズに適った変革が求められている。教育分野についても、学校教育の教科、生涯学習や地域学習などの社会教育のテーマに、「世界遺産学」や「世界遺産」が導入されつつあり、また、インターネットなどボーダレスな情報技術の進展によって、何時でも何処でも教育と学習ができる環境と社会基盤が整備されつつある。「学ぶ」ということは、「理解」し「行動」することにつながる。世界遺産を通じて、様々な分野の学問にアプローチすることで、真の国際理解や、かけがえのない地球環境や平和の大切さの理解も深まり、国際交流や国際協力の輪も広がる。「世界遺産学」をおすすめしたいと思う。トンネルのような閉塞状況の中から、一筋の光明を見い出せる。

世界遺産関連用語　日本関連

世界遺産暫定リスト追加のための審査基準

世界遺産暫定リスト追加のための審査基準は、当該提案の内容が、次の8つの審査基準の各項目の要件をすべて充足すると文化審議会文化財分科会世界文化遺産特別委員会が認める場合には、当該提案はこの審査基準に適合することとなる。①当該提案に係る文化資産は、原則として複数の資産で構成され、共通する独特の歴史的、文化的、自然的な主題を背景として相互に緊密な関連性を持ち、一定の場所、空間に所在する一群の文化財であって、総体として世界遺産条約第1条に記す、遺跡、建造物群、モニュメントのいずれかに該当するものであること　②「顕著な普遍的価値」を有する可能性が高い文化資産であること　③「オペレーショナル・ガイドラインズ」が示す「顕著な普遍的価値」の登録基準（ⅰ）～（ⅵ）の一つ以上に該当する可能性が高いと判断される文化資産であること　④当該提案に係る文化資産が、個々の構成資産のみならず、総体として、日本のみならず周辺地域の歴史・文化を代表し、独特の形態、性質を示す文化資産であると認められる可能性が高いこと　⑤真実性、完全性の保持に関する証明の可能性が高いこと　⑥構成資産の候補となる文化財の大半が、国により指定された文化財、または、その候補としての評価が可能な文化財であること、原則として、複数の国指定の文化財が含まれていることが必要　⑦当該提案に係る文化資産の全体について、保存管理・整備活用に関する基本的な理念、基本方針等考え方が示されていること。さらに、包括的な保存管理計画及び個々の構成資産についての保存管理計画の策定を行う旨、明言されていること　⑧保存管理・整備活用に関する考え方の中に、周辺環境とも一体的な保全の方向性が示されていること、さらに、関係地方公共団体が、構成資産と一体をなす周辺環境に係る保全措置の方法を積極的に検討していく旨、明言していること。

世界遺産暫定リスト追加のための手続き

世界遺産暫定リスト追加のための手続きとしては、当該審査年度において、定められた期限までに、当該文化資産の所在する都道府県及び市町村が共同で提案書を作成し、文化庁に提出す

る。また、前年度に文化審議会文化財分科会世界文化遺産特別委員会の審査を受け、継続審査案件とされた提案については、前年度からの検討の進捗や提案の修正があれば、これに関する文書を文化庁に提出する。文化審議会文化財分科会世界文化遺産特別委員会は、これら新規の提案及び継続審査案件とされている提案について、文化審議会文化財分科会世界文化遺産特別委員会の定める審査基準への適合性を審査し、暫定リストへの追加が適当なものを選定する。文化審議会文化財分科会世界文化遺産特別委員会は、選定した後、その旨を文化財分科会に報告し、了承を得る。文化審議会文化財分科会世界文化遺産特別委員会の審査の結果、暫定リストへの追加が適当とは認められなかったものの、今後、提案者において、提案内容を引き続き検討、改善すること等により、翌年度以降、すべての審査基準の項目の要件を充足する見込みがあると判断される提案については、文化審議会文化財分科会世界文化遺産特別委員会における「継続審査案件」とすることができる。

世界遺産登録運動

世界遺産登録運動とは，誇れる郷土の貴重な自然環境や文化財を保全し未来に継承していく為に，ユネスコの世界遺産登録をめざした行政や住民による運動である。古くは白神山地や広島の原爆ドームの世界遺産登録運動が先駆けであるが、世界有数の湖水透明度を誇る摩周湖の世界遺産登録をめざした北海道弟子屈町商工会青年部のメンバーが摩周湖世界遺産登録実行委員会（会長桐木茂雄氏）を2001年5月28日に設立、その後、全国各地での世界遺産登録運動が活発化した。

世界遺産登録に向けての国内手続き

自然遺産、文化遺産に共通する世界遺産への登録手順は、わが国の場合、関係自治体の同意を得て、文部科学省、外務省、環境省、林野庁、文化庁、国土交通省、内閣府のメンバー等で構成される世界遺産条約関係省庁連絡会議で推薦物件を決定する。推薦する物件が決定したら、世界遺産の登録範囲（核心地域と緩衝地域）を明確に定め、わが国での保護体制を確立し、推薦書類を整える。推薦書類の書式と内容は、

（1）物件の所在地、正確な図面、物件の所有者や法的地位などの法的データ、（2）物件の説明と目録、歴史などの証明、（3）世界遺産登録の正当性を示す理由と評価（4）保全・保存の状態と物件を危機に導く可能性のある要因、（5）保護管理計画。写真や地図等も参考資料として添付することになっている。推薦書類は、外務省を通じてユネスコ本部の世界遺産センターに提出される。毎年2月末までに提出された推薦書類は、1年余の専門機関での調査期間等を経て、順調にゆけば、翌年6月〜7月に開催される世界遺産委員会で審議・決定されることになる。

世界遺産と国土づくり
世界遺産は、単に、ユネスコの世界遺産に登録され国際的な認知を受けることだけが目的ではない。人類の財産として国内的にも恒久的に保護、保存し、整備し、次世代に継承していくことが自国に課された義務でもある。従って、世界遺産の存在意義を国民生活や地域社会のシーンで一定の役割を与えること、そして、世界遺産の持続的な保護、保全、整備のあり方を国土、地域、市町村の総合計画、環境基本計画、地域防災計画等の諸計画にも反映させていくと同時に地域振興にも活用していくことが重要。21世紀の国土づくりは、従来の開発優先の考え方から、自然環境や文化財、それに、これまでに造り上げてきたものを大切に保全し、或は、利活用する考え方に転換していくように思われる。

世界遺産と地域整備
世界遺産は、単にユネスコの世界遺産に登録され国際的な認知を受けることだけが目的ではない。人類の財産として、国内的にも恒久的に保護し、保存し、整備し、将来世代に継承していくことが自国に課された義務でもある。従って、世界遺産に対して社会生活における一定の役割を与え、かつ世界遺産の持続的な保護、保全、整備のあり方を国土や地域の総合計画の中に政策や施策として組み入れていくことが重要。

世界遺産と地域づくり
日本の世界遺産地には、豪雪地帯、山村、離島など地理的にもハンディキャップがあり、また、過疎・高齢化による後継者難など数多くの問題を抱えている所も多い。世界遺産化を弾みにして、演劇、音楽、工芸技術などの無形文化財、年中行事、民俗芸能などの民俗文化財などの地域資産を生かし、独自の価値観に基づく新たな地域づくりも始まっている。

世界遺産の産業への波及効果
世界遺産の産業への波及効果は、テレビやラジオの番組を制作する放送業界、書籍、雑誌、DVDなどを発行する出版・映像業界、展覧会や写真展などを企画する広告・イベント業界、そして、世界遺産ツアーなど国内外の旅行を主催する旅行業界などでも世界遺産をテーマにした企画が増えており、新たな文化産業やIT産業へと広がりを見せている。

世界自然遺産候補地に関する検討会
世界自然遺産候補地に関する検討会は、日本国内に今後5年程度の間に新たに世界自然遺産として推薦できる地域があるかどうかを学術的な見地から検討するために、2003年3月に環境省と林野庁が共同で設置した学識経験者からなる検討会である。2003年3月の第2回世界自然遺産候補地に関する検討会で、詳細に検討すべき17地域、利尻・礼文・サロベツ原野、知床、大雪山、阿寒・屈斜路・摩周、日高山脈、早池峰山、飯豊・朝日連峰、奥利根・奥只見・奥日光、北アルプス、富士山、南アルプス、祖母山・傾山・大崩山、九州中央山地と周辺山地、阿蘇山、霧島山、伊豆七島、小笠原諸島、南西諸島を選定。2003年4月、第3回世界自然遺産候補地に関する検討会で、三陸海岸、山陰海岸の2地域を加えた19地域について詳細検討。2003年5月、第4回世界自然遺産候補地に関する検討会で、知床、大雪山と日高山脈を統合した地域、飯豊・朝日連峰、九州中央山地周辺の照葉樹林、小笠原諸島、琉球諸島の6地域を抽出。登録基準に合致する可能性が高い地域として、知床、小笠原、琉球諸島の3地域を選定。2003年6月、中央環境審議会自然環境部会で、「世界自然遺産候補地に関する検討会の結果について」報告した。

世界遺産関連用語　日本関連

世界文化遺産部会

文化審議会令（平成12年6月7日政令第281号）第6条第1項及び文化審議会運営規則（平成23年6月1日文化審議会決定）第4条第1項の規定に基づき、下記2．に関する調査審議を行うため、文化審議会に世界文化遺産部会が設置された。調査審議事項は、（1）「世界遺産条約」の実施に関し、文化庁として講ずべき施策に関する基本的事項（2）世界遺産条約第11条1に基づき、世界遺産暫定リスト（各締約国が世界遺産リストへ記載することがふさわしいと考える自国の領域内に存在する物件の目録）に記載すべき物件（文化庁の所掌に係るものに限る）の候補の選定に関する事項（3）世界遺産条約第11条2に基づき、世界遺産委員会が作成する「世界遺産リスト」に記載されることが適当と思われる物件（文化庁の所掌に係るものに限る）の候補の選定に関する事項（4）その他、世界遺産条約の実施に関し必要な事項（文化庁の所掌に係るものに限る）である。

世界歴史都市連盟

世界歴史都市連盟とは、世界の歴史都市が積み重ねてきた貴重な経験と成果を交流し、21世紀に向けた人類の繁栄と文化の向上の為に都市が果たすべき役割を探ることを目的とした「世界歴史都市会議協議会」が発展的に解消、「世界歴史都市連盟」が1994年4月に京都市で開催された第4回世界歴史都市会議で設立された。ほぼ2年に1度、会員都市で、世界歴史都市会議が開催されている。2020年現在、119都市（66か国）が加盟。第12回世界歴史都市会議は、2020年にロシア連邦のカザン市で開催される。事務局は、京都市総務局国際化推進室。

絶滅のおそれのある野生動植物の種の保存に関する法律

絶滅のおそれのある野生動植物の種の保存に関する法律は、野生動植物が、生態系の重要な構成要素であるだけでなく、自然環境の重要な一部として人類の豊かな生活に欠かすことのできないものであることにかんがみ、絶滅のおそれのある野生動植物の種の保存を図ることにより良好な自然環境を保全し、もって現在及び将来の国民の健康で文化的な生活の確保に寄与することを目的とし、1993年施行された。この法律では、対象となる種を「希少野生動植物種」として定め、種ごとに各種の規制措置等を講じていく仕組みとなっている。略称　種の保存法。

斎場御嶽

琉球王国のグスク及び関連遺産群の構成資産のひとつ。斎場御嶽は、第二尚氏王統第3代王の尚真が整備した国家的な宗教組織との関係が深い格式の高い御嶽。中央集権的な王権を信仰面、精神面から支える国家的な祭祀の場として重要な役割を果たした。正確な創設年代は不明だが、琉球の開闢神「アマミク」が創設した御嶽の一つといわれ、15世紀前半には、国王巡幸の記録もある。御嶽の中は、色々な形状の岩や樹林地となっており、大庫理、寄満、三庫理、チョウノハナ、チイタイイシなどの拝所があり、神々しい雰囲気を醸し出している。第二次世界大戦以前は、男子禁制であったが、今では老若男女を問わず参拝に訪れることができる。斎場御嶽は、琉球地方に確立された独自の自然観に基づく信仰形態を表す顕著な事例である。

園比屋武御嶽石門

琉球王国のグスク及び関連遺産群の構成資産のひとつ。園比屋武御嶽石門は、守礼門と首里城歓会門との間に位置する。第二尚氏王統第3代王の尚真（在位1477〜1526年）によって創建された石門で、国王が外出する際に、道中の安泰を祈願した拝所。元来、門としての機能をもつ建物ではなく、琉球固有の原始宗教である御嶽を拝する場所である。この門は、日本と中国の双方の様式を取り入れた琉球独特の石造建造物で、木造建築の様式に則って、垂木、唐破風、懸魚、棟飾り等の細部を石造に彫り込んで意匠している。石門は、扉は木製、それ以外は琉球石灰岩や微粒砂岩などが使用され、木造建築風。門の背後の樹林地は、園比屋武御嶽と呼ばれる聖域となっている。戦後、一部伐採整地されたため、現在の遺存状況は良好ではないが、今日では門自体が拝所となっており、多くの人々が参拝に訪れる。門とその敷地は史跡「首里城跡」の一部。

第1種特別地域

自然公園では、公園ごとに自然風景の保護と適正利用の促進を図るための公園計画が定められ、行為の規制や利用のための施設整備が行われている。第1種特別地域とは、現在の景観を極力保護することが必要な地域をいう。

第2種特別地域

自然公園では、公園ごとに自然風景の保護と適正利用の促進を図るための公園計画が定められ、行為の規制や利用のための施設整備が行われている。第2種特別地域とは、農林漁業活動についてつとめて調整を図ることが必要な地域をいう。

第3種特別地域

自然公園では、公園ごとに自然風景の保護と適正利用の促進を図るための公園計画が定められ、行為の規制や利用のための施設整備が行われている。第3種特別地域とは、通常の農林漁業については許容する地域をいう。

代官所跡

石見銀山遺跡とその文化的景観の構成資産のひとつ。大森の町並みの北東にあり、江戸幕府が石見天領として現地に置いた支配拠点施設の跡。地方役所と銀山方役所からなり、2600㎡ほどの敷地に、瓦葺き平屋建ての表門と左右の門長屋の建物が現存する。

醍醐寺

古都京都の文化財の構成資産のひとつ。874年に山上に開かれ、10世紀初めに山下に伽藍が出来、勅願寺となった。952年建立の五重塔は、京都に現存する塔のなかでは最古のもので、雄大で安定感のある立面構成とともに内部に描かれた両界曼荼羅壁画が密教寺院の特性を示している。三宝院表書院及び庭園は、1598年に豊臣秀吉が大規模な花見を催すにあたり増築、改造したもので、書院は平安時代の寝殿造の様式を取り入れた優美なもの。庭園は、池泉廻遊式と枯山水の折衷様式であるが、建物内部からの景色を重視した造りとなっている。

玉陵

琉球王国のグスク及び関連遺産群の構成資産のひとつ。玉陵は、首里城の西に位置し、第二尚氏王統第3代王の尚真（在位1477～1526年）によって築かれた墓室と石牆からなる第二尚氏王統歴代の陵墓で、沖縄における最大規模の墓の遺構。碑文から1501年頃の築造と推定される。周囲は高い石垣で囲まれ、外郭、内郭に分かれた構造になっている。内郭の奥には中室、東室、西室がある三基の巨大な墓室があり、近世日本の琉球地方において確立された独自の石造記念建造物のデザインと構造をもつ貴重な事例である。中室は、亡くなった王の遺骸を骨になるまで安置する所で、洗骨後は、東室に王と王妃を、西室にはその他の王族を納骨した。墓室前面には、獅子や蓮華、鳳凰等の浮き彫りの施された石製欄干がある。内郭は、魔除けや清めのため珊瑚の破片が敷き詰められている。

地方環境事務所

地方環境事務所とは、環境書が地域の実情に応じた環境施策の実行、及び環境情報の発信を行うため、2005年より従来の自然保護事務所と地方環境対策調査官事務所を再編し、全国7か所に設置したもの。環境省の地方支分部局として、国立公園の管理等の業務、環境情報の収集・調査及び相談等の業務などをはじめ機動的できめ細かな施策を展開し幅広い業務を行う。

中央環境審議会

中央環境審議会は、環境基本法第41条に基づいて、2001年1月6日に設置された。所掌事務は、環境基本計画に関し、環境基本法第15条第3項に規定する事項を処理すること。環境大臣又は関係大臣の諮問に応じ、環境の保全に関する重要事項を調査審議すること。他の法令の規定によりその権限に属させられた事務、上記に規定する事項に関し、内閣総理大臣、環境大臣又は関係大臣に意見を述べることができる。総合政策部会、廃棄物・リサイクル部会、循環型社会計画部会、環境保健部会、地球環境部会、大気環境部会、騒音振動部会、水環境部会、土壌農薬部会　瀬戸内海部会、自然環境部会、野生生物部会、動物愛護部会の部会がある。中央環境

世界遺産関連用語　日本関連

審議会委員の定員は、30人、任期は、2年。主管省庁及び庶務担当部局課は、環境省大臣官房総務課である。

中山間地域

中山間地域とは、平坦な耕地が少ない、平野の周辺部から山間までの地域をいう。農林統計上は林野率が50％以上で耕作率が20％未満の地域が含まれる。日本の総面積の約7割が中山間地域に含まれ、そこに総人口の15％が住んでいる。岩手、長野、和歌山、島根、高知、大分県等ではその8割以上が中山間地域。地方行政では所得補償の要求が強いが、本省は生活基盤や産業基盤の整備をあげている。

鳥獣保護区

鳥獣保護区は、鳥獣の保護繁殖を図るため、鳥獣保護法に基づいて設定されている。鳥獣保護区は、環境省大臣が設定する国設鳥獣保護区（86か所 大規模生息地 10か所、集団渡来地36か所、集団繁殖地 19か所、希少鳥獣生息地21か所）と都道府県知事が設定する都道府県設鳥獣保護区の2種類があり、鳥獣保護区の中には特別保護区を指定することができる。鳥獣保護区では鳥獣の捕獲が禁止されている。

伝統的建造物群保存地区

伝統的建造物群保存地区は、1975年の文化財保護法の改正によって伝統的建造物群の制度が発足し、城下町、宿場町、門前町など全国各地に残る歴史的な集落・町並みの保存が図られるようになった。市町村は、伝統的建造物群保存地区を定め、国はその中から価値の高いものを重要伝統的建造物群保存地区として選定し、市町村の保存事業への財政的援助や必要な指導または助言をすることができる。重要伝統的建造物群保存地区については、市町村が、条例で保存地区の現状を変更する行為の規制などの措置を定め保護を図っており、文化庁長官または都道府県教育委員会は、市町村に対し保存に関し指導助言を行うほか、管理、修理、修景（伝統的建造物以外の建造物を周囲の歴史的風致に調和させること）などに対して補助を行っている。2020年5月現在、重要伝統的建造物群保存地区に選定されている地区は、120地区（43道府県

100市町村）ある。

東照宮

日光の社寺の構成資産のひとつ。徳川家康の霊廟として、1617年に創建され、主要な社殿は、三代将軍家光によって1636年に造営された。東照宮の建築により、「権現造」様式や彫刻、彩色等の建築装飾の技法が完成された。国宝の陽明門をはじめ、三猿で有名な神厩舎、左甚五郎作の眠り猫の坂下門などが見どころ。

唐招提寺

古都奈良の文化財の構成資産のひとつ。戒律を学ぶための寺として唐僧・鑑真が759年に創建した寺。南都六宗のひとつである律宗の総本山。教義上、立派な伽藍よりも、住むに足るだけの僧坊・食堂と仏法を講じる講堂が必要ということで、これらの建物が最初に建設された。鑑真の没後、奈良時代末に"天平の甍"と称される金堂が完成、810年には五重塔が建立され、伽藍が整った。境内は、創建以来火災がなく近世に至った。1802年、五重塔を雷火で失ったが、金堂、講堂、宝蔵など創建時の姿をよくとどめている。

東大寺

古都奈良の文化財の構成資産のひとつ。仏の加護により国家を鎮護しようとした聖武天皇の発願で建立された官寺。大仏建立の勅願を発令し、その大仏を安置する寺として国力を挙げて造営された。751年に金堂（大仏殿）が完成し、翌752年に開眼供養が行われた。以後次々と堂塔が建設され40年近くかかって奈良時代の末に寺観が整った。大仏（廬舎那仏坐像）は大仏殿と一体の物として登録されている。

登録有形文化財

1996年10月1日に施行された文化財保護法の一部を改正する法律により、保存及び活用についての措置が特に必要とされる文化財建造物を、文部科学大臣が文化財登録原簿に登録する文化財登録制度が導入された。この登録制度は、近年の国土開発、都市計画の進展、生活様式の変化等により、消滅の危機にさらされている多種多様かつ大量の近代の建造物を中心とする文化

財建造物を後世に幅広く継承していくため、届出制と指導・助言・勧告を基本とする緩やかな保護措置を講じる制度であり、従来の指定制度を補完するものである。

特定地理等保護林

特定地理等保護林は、わが国における特異な地形、地質等の保護を図り、併せて学術研究等に資するのが目的の森林。森林生態系保護地域、森林生物遺伝資源保存林、林木遺伝資源保存林、植物群落保護林、特定動物生息地保護林の保護林の区域以外の地域であって、特異な地形、地質等を有するもののうち、特にその保護を必要とする区域である。

特定動物生息地保護林

特定動物生息地保護林は、特定の動物の繁殖地、生息地等の保護を図り、併せて学術研究等に資するのが目的の森林。森林生態系保護地域、森林生物遺伝資源保存林、林木遺伝資源保存林、植物群落保護林の保護林の区域以外の地域であって、次の基準を満たすもののうち、特定の動物の繁殖又は生息のために、特にその保護を必要とする区域。 (1)希少化している動物の繁殖地又は生息地、 (2)他に見られない集団的な動物の繁殖地又は生息地、 (3)その他保護が必要と認められる動物の繁殖地、または、生息地である。

特別保護地区

特別保護地区は、自然公園の中で特に優れた自然景観や原始状態を保持している地区のことであり、特別地域をさらに区分けして指定されるもので、この地区内での開発行為などが禁止される他、落ち葉や枯れ枝を採取するといった軽微な行為まで厳しく規制される。特別保護地区で各種行為を行う場合は、環境大臣、または、都道府県知事の許可が必要であり、その際、「普通地域を除く国立公園内における各種行為に関する審査指針」の適用等により、風致景観の適正な保護に努めている。自然公園内には、風致景観の保護のため、特別保護地区などが自然公園法によって指定されている。

特別名勝

特別名勝とは、庭園、橋梁、峡谷、海浜、山岳等の名勝地でわが国にとって芸術上または鑑賞上価値の高いもので、特に重要なものをいう。特別名勝には、富士山(山梨県・静岡県)、十和田湖および奥入瀬渓流(青森県・秋田県)、兼六園(石川県)、上高地(長野県)などが指定されている。

都道府県自然環境保全地域

都道府県自然環境保全地域は、自然環境保全地域に準ずる自然環境を維持している地域。都道府県条例に基づき指定し、自然環境の保全に努めている。現在、546か所(77,414ha)指定されている。

都道府県立自然公園

都道府県立自然公園は、国立・国定公園に次ぐ自然の風景地で都道府県を代表するもの。都道府県が条例によって指定し自ら管理を行いる。現在311公園、196.7万haが指定されている。

富岡製糸場と絹産業遺産群

(Tomioka Silk Mill and Related Sites)

富岡製糸場と絹産業遺産群は、関東地方の北西部、群馬県にある伝統的な生糸生産から近代の殖産興業を通じて日本の文明開化の先駆けとなった絹産業の遺産群で、世界遺産の登録面積は、7.2ha、バッファー・ゾーンは、414.6haである。世界遺産は、富岡製糸場(富岡市)、田島弥平旧宅(伊勢崎市)、高山社跡(藤岡市)、荒船風穴(下仁田町)の4つの構成資産からなる。富岡製糸場は、フランス人のポール・ブリュナ(1840～1908年)の指導の下、1872年(明治5年)に明治政府によって創建された美しいレンガの官営模範工場の姿を今日に伝える文化財的価値を有する貴重な産業遺産で、日本の近代化の原点として、そしてアジア諸国の産業の発展に果たした歴史的な意義は大きい。1939年(昭和14年)に日本最大の製糸会社、片倉製糸紡績(現 片倉工業)に譲渡され、戦中戦後と長く製糸工場として活躍したが、1987年(昭和62年)にその操業を停止、「売らない」、「貸さない」、「壊さない」を原則に、その後も大切に保存されていたが、片倉工業は、2005年9月に富岡市に寄付

した。富岡製糸場と絹産業遺産群は、日本の近代化を表し、絹産業の発達の面において世界的な「顕著な普遍的価値」を有すると考えられ、2007年1月30日に世界遺産暫定リストに登載された。2012年7月24日に、文化庁は世界遺産に登録推薦することを決定、2014年に世界遺産登録を実現した。

文化遺産（登録基準（ii）（iv）） 2014年

鞆ヶ浦

石見銀山遺跡とその文化的景観の構成資産のひとつ。銀山柵内から北西約6kmに位置し、16世紀前半から中ごろにかけて銀・銀鉱石を日本最大の貿易港であった博多に積み出した港。リアス式海岸の小湾と狭い谷間を利用して港と小集落が形成されている。

長崎と天草地方の潜伏キリシタン関連遺産

（Hidden Christian Sites in the Nagasaki Region）
長崎と天草地方の潜伏キリシタン関連遺産は、日本の九州地方の長崎と天草地方に残っている17世紀から19世紀の2世紀以上にわたる禁教政策の下で密かにキリスト教を伝えた人々の歴史を物語る他に例を見ない遺産である。世界遺産の登録面積は5569.34ha、バッファーゾーンは10,742.35ha、構成資産は野崎島の集落跡、黒島の集落、平戸の聖地と集落（春日集落と安満岳）など12からなる。本資産は、日本の最西端に位置する辺境と離島の地において潜伏キリシタンがどのようにして既存の社会・宗教と共生しつつ信仰を継続していったのか、そして近代に入り禁教が解かれた後、彼らの宗教的伝統がどのように変容し終焉を迎えていったのかを示している。本資産は、大航海時代にキリスト教が伝わったアジアの東端にあたる、日本列島の最西端に位置する長崎と天草地方に所在する12の資産からなる。16世紀後半に海外との交流の窓口であった長崎と天草地方に定住した宣教師の指導を直接的かつ長期間にわたって受けた長崎と天草地方の民衆の間には、他の地域に比べて強固な信仰組織が形成された。このような状況のもとで、17世紀の江戸幕府による禁教政策により日本国内から全ての宣教師が不在となった後も、長崎と天草地方では少なからぬカトリック教徒が、小規模な信仰組織を維持して信仰

を自ら継続し、「潜伏キリシタン」となって存続した。潜伏キリシタンは、信仰組織の単位で小さな集落を形成して信仰を維持し、そうした集落は海岸沿い、または禁教期に移住先となった離島に形成された。2世紀を越える世界的にも稀な長期にわたる禁教の中で、それぞれの集落では一見すると日本の在来宗教のように見える固有の信仰形態が育まれた。本資産は、12の異なる構成資産が総体となって、潜伏キリシタンの伝統についての深い理解を可能としている。長崎と天草地方の潜伏キリシタン関連遺産は、禁教政策下において形成された潜伏キリシタンの信仰の継続に関わる独特の伝統の証拠であり、長期にわたる禁教政策の下で育まれたこの独特の伝統の始まり・形成・変容・終焉の在り方を示し「顕著な普遍的価値」を有する。

文化遺産 登録基準（iii） 2018年

ナショナル・トラスト

ナショナル・トラストとは、景勝地や歴史的建造物を国民からの寄付金により買い取ったり寄贈を受けたりして、保全・管理する英国の民間団体のこと。1895年にイギリスで3人の市民の、美しい環境を破壊から守るため、寄付を国民に広く呼びかけようという話し合いから始まった。「1人の1万ポンドより1万人の人が1ポンドずつ」をモットーに、その後大きく発展し、現在会員は240万人にのぼっており、多くの海岸線、森林、公園、庭園、草原、荒地、湖沼、古城、教会、修道院、カントリーハウス、農地、牧場、水車小屋、運河などを保有している。この運動は世界各国に波及し、日本でも1964年に鎌倉市の鶴岡八幡宮の裏山に宅地造成計画が発表されたとき、作家の大佛次郎氏をはじめ地元の住民が中心となって、⇒鎌倉風致保存会を結成し、市民や自治体から寄付を集め、宅地予定地の一部を買い取り、計画を中止させた運動、その後の北海道の知床100平方メートル運動、和歌山県の天神崎市民地主運動など、活動が全国各地で展開され、運動の形態も多様で、市民独自で行っているもの、都道府県や市町村などの行政機関と力を合わせて運動を進めているものなどがある。これらは一般に「ナショナルトラスト活動」と呼ばれている。正式には、「歴史的名勝及び自然的景勝地のためのナショナルトラス

世界遺産関連用語 日本関連

ト」という。

那智大滝

高さ133m、幅13m、滝壺の深さ10mの日本一の大滝で、熊野那智大社、青岸渡寺の信仰の原点であり、信仰の対象そのものである。銚子口の岩盤には3つの切れ目があり三筋になって落下するところから「三筋の滝」とも呼ばれる。

那智原始林

那智大滝の東部に広がる32.7haの照葉樹林。自然信仰に関連する文化的景観の典型。国の天然記念物に指定されている。那智大滝はじめ48の滝があり、二の滝、三の滝、文覚の滝、陰陽の滝などが知られている。

丹生官省符神社

紀伊山地の霊場と参詣道の構成資産のひとつ。9世紀前半、弘法大師が高野山下に政所を置くにあたり、その鎮守として勧請された神々を祀る神社。丹生・高野明神が地主神。明治維新後の神仏分離令により多くの建物は取り除かれ、1541年に再建された本殿の内3棟（国指定重要文化財）が往年の姿をとどめている。

21世紀に残したい日本の自然百選

21世紀に残したい日本の自然百選は、祖先から受け継いだ貴重な自然を未来に残そうと朝日新聞社と財団法人森林文化協会が広く読者に呼びかけて選定したもの。

21世紀に残したい日本の風景

21世紀に残したい日本の風景は、NHK衛星放送BS2が番組を通じて実施した視聴者投票による総合ランキングである。

日光の社寺（Shrines and Temples of Nikko）

日光の社寺は、栃木県の日光市内にある。日光の社寺は、二荒山神社、東照宮、輪王寺の2社1寺とその境内地からなる。その中には、江戸幕府の初代将軍徳川家康（1542〜1616年）を祀る東照宮の陽明門や三代将軍家光（1604〜1651年）の霊廟がある輪王寺の大猷院などの国宝9棟、二荒山神社の朱塗が美しい神橋などの重要文化財94棟

の計103棟の建造物群が含まれる。二荒山神社は、日光の山岳信仰の中心として古くから崇拝されてきた神社であり、中世には多数の社殿が造営された。また、江戸時代に入り、江戸幕府によって、新たに本殿や諸社殿が造営された。東照宮は、徳川家康の霊廟として、1617年に創建され、主要な社殿は、三代将軍家光によって1636年に造営された。東照宮の建築により、「権現造」様式や、彫刻、彩色等の建築装飾の技法が完成され、その後の建築様式に大きな影響を与えた。輪王寺は、8世紀末に日光開山の勝道上人が創建した四本竜寺に起源をもち、日光山の中心寺院として発展してきた。1653年には三代将軍徳川家光の霊廟である大猷院霊廟が造営され、輪王寺は、徳川幕府の崇拝を受けた。登録遺産（コア・ゾーン）の面積は50.8haで、バッファー・ゾーンの面積373.2haを加えると424haに及ぶ。登録遺産は、徳川幕府（1603〜1867年）の祖を祀る霊廟がある聖地として、諸国大名の参拝はもちろん、歴代の将軍の参拝や朝廷からの例幣使の派遣、朝鮮通信使の参拝などが行われ、江戸時代の政治体制を支える重要な歴史的役割を果たした。また、日光山中の建造物群周辺の山林地域は、日光の山岳信仰の聖域とされ、自然と社殿が調和した文化的景観を形成する不可欠な資産となっている。

文化遺産（登録基準(i)(iv)(vi)）　1999年

日本イコモス国内委員会

日本イコモス国内委員会（委員長　岡田保良氏）は、ICOMOS本部と連携した、国際学術委員会(ISC)への参加の他に、各委員会を設け、日本イコモス独自の活動を行っている。

日本遺産（Japan Heritage）

日本遺産は、地域の歴史的魅力や特色を通じてわが国の文化・伝統を語るストーリーを「日本遺産」として文化庁が認定するもの。ストーリーを語る上で欠かせない魅力溢れる有形や無形の様々な文化財群を、地域が主体となって総合的に整備・活用し、国内だけでなく海外へも戦略的に発信していくことにより、地域の活性化を図ることを目的としている。

世界遺産関連用語　日本関連

日本三景

日本三景は、宮城県松島町の「松島」、京都府宮津市の「天橋立」、広島県廿日市市の「厳島（宮島）」のこと。江戸時代初めの儒学者、林春斎が記したのが始まりとされる。7月21日は日本三景の日。

日本自然保護協会

日本自然保護協会は、生態系と生物の多様性の保全を目的に科学的な調査データに基づいた提言を行う民間の自然保護団体。日本の世界遺産条約批准、国内の自然遺産の世界遺産リストへ登録実現に寄与した。IUCNの有力メンバーとしても活動している。環境省所管の財団法人。略称　ナックス・ジャパン／NACS-J

日本の国立公園

日本の国立公園は、日本を代表するすぐれた自然の風景地で、自然公園法という法律に基づいて、環境省大臣が自然環境保全審議会の意見を聞いて指定し国が管理する。2020年5月現在、34か所が指定されている。

日本の世界遺産暫定リスト記載物件

世界遺産締約国は、世界遺産委員会から将来、世界遺産リストに登録する為の候補物件について、暫定リスト（Tentative List）の目録を提出することが求められている。わが国の暫定リスト記載物件は、2020年5月現在、次の7件である。
- ●古都鎌倉の寺院・神社ほか
  （神奈川県　1992年暫定リスト記載）
  - ●「武家の古都・鎌倉」 2013年5月、「不記載」勧告。→登録推薦書類「取り下げ」
- ●彦根城（滋賀県　1992年暫定リスト記載）
- ●飛鳥・藤原−古代日本の宮都と遺跡群
  （奈良県　2007年暫定リスト記載）
- ●北海道・北東北の縄文遺跡群
  （北海道、青森県、秋田県、岩手県
  2009年暫定リスト記載）
- ●金を中心とする佐渡鉱山の遺産群
  （新潟県　2010年暫定リスト記載）
- ●平泉−仏国土（浄土）を表す建築・庭園及び考古学的遺跡群＜登録範囲の拡大＞
  （岩手県　2013年暫定リスト記載）
- ○奄美大島、徳之島、沖縄島北部及び西表島

（鹿児島県、沖縄県　2016年暫定リスト記載）

日本の世界遺産

日本は1992年6月30日に世界遺産条約を受諾。条約締約時には125番目の締約国として仲間入りし、2022年は30周年を迎える。日本では2020年5月現在、「白神山地」「屋久島」「知床」「小笠原諸島」の自然遺産4物件、「法隆寺地域の仏教建造物」「姫路城」「古都京都の文化財（京都市、宇治市、大津市）」「白川郷・五箇山の合掌造り集落」「広島の平和記念碑（原爆ドーム）」「厳島神社」「古都奈良の文化財」「日光の社寺」「琉球王国のグスクおよび関連遺産群」「紀伊山地の霊場と参詣道」「石見銀山遺跡とその文化的景観」「平泉−仏国土（浄土）を表す建築・庭園及び考古学的遺跡群」「富士山−信仰の対象と芸術の源泉」「富岡製糸場と絹産業遺産群」「明治日本の産業革命遺産：製鉄・製鋼、造船、石炭産業」「ル・コルビュジエの建築作品−近代建築運動への顕著な貢献−（国立西洋美術館）」「「神宿る島宗像・沖ノ島と関連遺産群跡」とその文化的景観」「長崎と天草地方の潜伏キリシタン関連遺産」「百舌鳥・古市古墳群：古代日本の墳墓群」の文化遺産19物件、計23物件が「世界遺産リスト」に登録されており、世界遺産の数は世界第12位である。

日本の棚田百選

日本の棚田百選は、わが国における代表的な棚田を認定し、その維持、保全の取組を積極的に評価し、農業、農村の発展を図るとともに、国民的な理解を深めることが目的で、1999年7月16日に開催された「日本の棚田百選」選定委員会で、各都道府県から推薦された149地区（131市町村）の棚田について審議し134地区（117市町村）を「日本の棚田百選」として選定されている。

日本の20世紀遺産

ユネスコの諮問機関であるイコモス（国際記念物遺跡会議）の日本組織であるイコモス国内委員会が、日本国内における20世紀に建築・形成された文化的財を顕彰すべく選定したもので、2017年（平成29年）12月8日に初の選定物件、

①上野恩賜（おんし）公園と文化施設群（東京）②国立代々木屋内総合競技場（同）③立山砂防施設群（富山）④黒部川水系の発電施設群（同）⑤瀬戸大橋（香川）⑥青函トンネル（青森、北海道）⑦舞鶴の海軍施設と都市計画（京都）⑧南禅寺界隈（かいわい）の近代庭園群（同）⑨隅田川橋梁（きょうりょう）群と築地市場他を含む復興関連施設群（東京）⑩迎賓館赤坂離宮（同）⑪聴竹居（京都）⑫箱根の大規模木造宿泊施設群（神奈川）⑬肥薩線（旧鹿児島本線＝熊本、宮崎、鹿児島）⑭鶴岡八幡宮境内の旧神奈川県立近代美術館（神奈川）⑮有田の文化的景観／町並み、産業・文化施設群（佐賀）⑯旧朝倉邸と代官山ヒルサイドテラス（東京）⑰小岩井農場（岩手）⑱西条の酒造施設群（広島）⑲東海道新幹線（東京～大阪）⑳伊賀上野城下町の文化的景観（三重）が公表された。

日本ユネスコ協会連盟

日本ユネスコ協会連盟は、1951年に日本がユネスコに加盟したのに伴い、前身の日本ユネスコ協力会連盟（1948年設立）を改称、ユネスコ憲章の精神に則り、世界の平和と人類共通の福祉を実現するための国際間の連帯と協力を基盤とした、国民的ユネスコ活動を国内の約300のユネスコ協会など民間ユネスコ運動として推進、連絡調整するのが目的。主な活動は、「世界寺子屋運動」、「世界遺産並びに文化財の保存」、「青少年の国際理解教育活動への協力」、「地球環境保全活動」など。略称、日ユ協連。

日本ユネスコ国内委員会

日本ユネスコ国内委員会は、ユネスコ活動に関する法律（昭和27年施行）に基づいて設置され、教育、科学、文化の各領域、地域的なユネスコ活動の領域、学識経験者のそれぞれを代表する委員60名（委員定員60名以内）＜会長 濵口道成氏（国立研究開発法人科学技術振興機構理事長）＞で構成されている。政府の諮問機関として、わが国のユネスコ活動の基本方針を定める。事務局は、文部科学省の学術国際局国際企画課内にある。

パーク・ボランティア

パーク・ボランティアとは、国立公園における自然保護教育活動の拡充を目的としたボランティア。環境省では1985年度から自然解説ボランティアの養成、自然解説マニュアルの作成などの事業を行っている。パーク・ボランティアの活動実施地区は25国立公園の40地区で、パークボランティアが活動している。

ビオトープ

ビオトープとは、野生生物を意味するBiosと場所を意味するToposとを合成したドイツ語で、直訳すれば、生物生息空間となる。ビオトープは、生物の個体あるいは個体群がすんでいる場所のことで「生息場所、すみ場所」ともいわれる。明確な定義はないが、単に位置的な場所としてのみとらえるのではなく、ある種の個体および個体群が、生存できるような環境を構成する水、大気、土等の非生物的諸要因と動植物や微生物の生物的諸要因の状態を有する特定の場所として考えられている。近年、まちづくりにおける河川、道路、公園、緑地等の整備についても生態系の多様性を維持するうえから、多様なビオトープの維持、回復、創出やネットワークづくりに配慮した取組みがなされている。

美化清掃事業

自然公園を訪れる人々が出すゴミやし尿は、単に美観を損ねるだけでなく悪臭の発生、生態系の破壊などの環境汚染を引き起こしている。そこで、特に利用者の多い国立公園内の主要な地域の美化清掃を積極的に進めるため、現地における美化清掃団体の育成強化を図り、美化清掃事業を実施している。また、8月の第1日曜日を「自然公園クリーンデー」とし、関係都道府県等の強力の下に一斉に美化清掃活動を行っている。し尿の処理が大きな問題となっている山岳地においては、自然環境に対して影響の少ないトイレの整備に対するを補助制度を設け、その整備を推進している。

干潟

干潟とは、満潮と干潮の間に見え隠れする部分のことを指す。陸からの栄養と大気からの酸素

の供給が豊かであり、貝やゴカイなどの海の生物が豊富で、それらをエサにする鳥にも良い環境であり、生物多様性にとって重要な場所。また、豊富な海の生物が海水を浄化するため、水質保全に役立つことが知られている。ラムサール条約で保護対象に指定されている干潟もある。干潟は埋立などにより減少してきたため、全国各地で干潟を守ろうという運動が行われている。

彦根城

世界遺産暫定リスト記載物件。彦根城は、井伊直勝（直継）が約20年の歳月をかけて1622年に彦根山に完成した平山城で、佐和山城、安土城、長浜城、大津城の石垣や用材が使われたといわれ、別名、金亀城という。天守閣は、国宝、天秤櫓は重要文化財、彦根城跡は特別史跡に指定されている。彦根城は、姫路城などと共に、わが国の城郭建築の美しさを代表する城の一つ。明治時代の廃城令や戦火を免れた。約3年の歳月をかけて平成の大改修が行われた。1992年に世界遺産の暫定リストに登載されたが、既に世界遺産リストに登録されている姫路城という同種遺産との明確な違いを証明することが世界遺産登録の課題である。

ビジターセンター

ビジターセンターとは、自然公園を訪れる利用者に対し、その公園の自然及び人文に関する展示解説をするとともに、利用指導や案内を行い、自然保護思想の高揚を図る施設。公園計画上は「博物展示施設」といい、環境省直轄事業や環境省補助による都道府県事業により整備されたものが主で、国立公園に72ヵ所整備されている。

姫路城（Himeji-jo）

姫路城は、兵庫県姫路市内の小高い丘、姫山にある平山城。姫路城が最初に築かれたのは、鎌倉時代の末期、元弘3年（1333年）、播磨の豪族・赤松則村が、西国からの幕府方の攻撃に備えて、ここに砦を築いた。その後も、西国統治の重要拠点として、羽柴秀吉、池田輝政、本多忠政ら時代の重鎮がこの城を引き継ぎ、その都度拡張され、現在の姿を整えてきた。築城技術

は、安土桃山時代から江戸時代初期にかけて、軍事的にも芸術的にも最高レベルに達したが、1610年、池田輝政は、その時代の粋を集めてこの城を完成させた。姫路城の天守閣群は、外観5層、内部6層の大天守を中心に渡廊で結ばれた3つの小天守で構成された「連立式天守閣」という様式。白壁が美しく、華やかな構成美が羽を広げて舞う白鷺の様なので「白鷺城」の別名でも親しまれている。姫路城は、連立式天守閣の構造美に代表されるように、軍事的そして芸術的に最高度に達したといわれる安土桃山建築の粋が凝らされている。一方、その美しい外観とは裏腹に、内部は徹底的な防御の構えの堅固な要塞の構造になっている。姫路城には、国宝（8棟）や重要文化財（74棟）の指定を受けた建造物が82棟もあり、長い歴史の中で一度も戦火に巻き込まれなかったこともあって、日本の城郭建築物の中では、第一級の保存度を誇っている。大天守の保存修理工事が、2009年10月から約5年間かけて行われた。

文化遺産（登録基準(i)(iv)） 1993年

百学連環の世界遺産学

世界遺産の多様性、多様な世界の国と地域の民族、歴史、地理、生活、産業を学び、それぞれの世界遺産地が抱えている問題点や課題を認識し、その解決策を世界遺産地の人々と共に考えていく事も大切で、この様な努力があってこそ、世界遺産の保護や保存を通じての真の国際協力が達成される。世界の平和を保っていくためには、文化の多様性を認識し、異文化の理解に努める必要がある。世界遺産は、世界遺産登録をゴールとするのではなく、関係行政機関や地元住民などが一体となって、世界遺産登録後も、中長期的な保存管理や監視活動の為に協働していくことがきわめて重要である。世界遺産を取巻く環境が、脅威、危険にさらされ深刻化すると、大変不名誉なことになる。エクアドルの「ガラパゴス諸島」の様に「危機にさらされている世界遺産リスト」に登録されたり、終末的には、オマーンの「アラビアン・オリックス保護区」の様に「世界遺産リスト」から抹消されることにもなりかねない。世界遺産は、保存が基本であるが、教育、観光、地域づくりやまちづくりなどに活用していくことも大切であ

る。しばしば、本末転倒になって、貴重な自然遺産や文化遺産が損なわれる場合があるが、そうならない様な危機管理も大切である。私たち人類は、地球上のかけがえのない世界遺産をいかに守り未来に継承していくべきなのか、百学連環の世界遺産学が大切である。

平泉-仏国土（浄土）を表す建築・庭園及び 考古学的遺跡群

（Hiraizumi−Temples, Gardens and Archaeological Sites Representing the Buddhist Pure Land）

平泉-仏国土（浄土）を表す建築・庭園及び考古学的遺跡群－は、日本の東北地方、岩手県にある。平泉は、12世紀日本の中央政権の支配領域と本州北部、さらにはその北方の地域との活発な交易活動を基盤としつつ、本州北部の境界領域において、仏教に基づく理想世界の実現を目指して造営された政治・行政上の拠点である。平泉は、精神的主柱を成した寺院や政治・行政上の中核を成した居館などから成り、宗教を主軸とする独特の支配の形態として生み出された。特に、仏堂・浄土庭園をはじめとする一群の構成資産は、6〜12世紀に中国大陸から日本列島の最東端へと伝わる過程で日本に固有の自然崇拝思想とも融合しつつ独特の性質を持つものへと展開を遂げた仏教、その中でも特に末法の世が近づくにつれて興隆した極楽浄土信仰を中心とする浄土思想に基づき、現世における仏国土（浄土）の空間的な表現を目的として創造された独特の事例である。それは、仏教とともに受容した伽藍造営・作庭の理念、意匠・技術が、日本古来の水景の理念、意匠・技術との融合を経て、周囲の自然地形をも含め仏国土（浄土）を空間的に表現した建築・庭園の固有の理念、意匠・技術へと昇華したことを示している。平泉の5つの構成資産（中尊寺、毛越寺、観自在王院跡、無量光院跡、金鶏山）は、浄土思想を含む仏教の伝来・普及に伴い、寺院における建築・庭園の発展に重要な影響を与えた価値観の交流を示し、地上に現存するもののみならず、地下に遺存する考古学的遺跡も含め、建築・庭園の分野における人類の歴史の重要な段階を示す傑出した類型である。さらに、そのような建築・庭園を創造する源泉となり、現世と来世に基づく死生観を育んだ浄土思想は、今日

における平泉の宗教儀礼や民俗芸能にも確実に継承されている。2011年の第35回世界遺産委員会パリ会議で、世界遺産登録を実現したが、柳之御所遺跡は、残念ながら構成資産から外れた。2011年3月11日の東日本大震災で、平泉のある東北地方は壊滅的な被害を蒙った。平泉の世界遺産登録の実現は、東北地方の復興・再生に向けての希望の光となっている。今後、世界遺産の登録範囲を拡大し、柳之御所遺跡、達谷窟、白鳥舘遺跡、長者ヶ原廃寺跡、骨寺村荘園遺跡の5資産を構成資産に加えるべく、2012年9月に世界遺産暫定リストに記載、登録範囲の拡大をめざしている。

文化遺産（登録基準(ii)(vi)）　2011年

広島の平和記念碑（原爆ドーム）

（Hiroshima Peace Memorial（Genbaku Dome））

広島平和記念碑（原爆ドーム）は、広島市の中心部を流れる元安川の川辺にある。原爆ドームは、第二次世界大戦末期の昭和20年（1945年）8月6日、米軍が投下した原子爆弾によって破壊されるまでは、モダンなデザインを誇る旧広島県産業奨励館で、チェコの建築家ヤン・レッツェル（1880〜1925年）によって設計され、大正4年（1915年）に完成した建造物であった。原爆ドームは、人類史上初めて使用された核兵器によって、街はほとんどが破壊され、多くの人の生命が奪われるなどの惨禍を如実に物語る負の遺産であり、世代や国を超えて、核兵器の究極的廃絶と世界平和の大切さを永遠に訴え続ける人類共通の平和記念碑。世界遺産の範囲は、原爆ドームの建物の所在する地域の0.4ha。緩衝地帯＜バッファーゾーン＞の42.7haの区域内にある平和記念公園には、慰霊碑や50基余りのモニュメントがあり、広島平和記念資料館には、被爆資料や遺品、写真パネルなどが展示されている。原爆ドームの世界遺産化は、広島市民をはじめとする165万人の国会請願署名が推進の原動力となった。原爆ドームが世界遺産になったことによって、国内外から、国際平和への発信拠点としての役割が一層期待されている。2002年8月には、平和公園内に国立広島原爆死没者追悼平和祈念館が開館し、被爆者の遺影や手記などが公開されている。

文化遺産（登録基準(vi)）　1996年

世界遺産関連用語　日本関連

風致地区

風致地区とは、丘陵、樹林、水辺地などの自然豊かな土地、郷土的意義のある土地、緑豊かな住宅地などを含む良好な自然的環境を維持するため、都市計画法の規定に基づいて、都道府県知事が都市計画に定める地域地区のこと。

武家の古都・鎌倉

武家の古都・鎌倉は、1192年に源頼朝が開いた武家政権である鎌倉幕府の本拠。鎌倉は、東・西・北を丘陵で囲まれ、南は海に面しており、要塞として、防御に適した立地であった。また、頼朝が幕府を開いてから約150年の間、東日本だけでなく、日本全国の政治や文化、特に、わが国の中世武家文化の中心として栄えた。武家の古都・鎌倉には、鎌倉幕府の宗社であった鶴岡八幡宮、時の政府から禅宗寺院として最高の寺格を承認された国宝の舎利殿がある円覚寺をはじめ、建長寺、寿福寺、浄智寺、浄妙寺の鎌倉五山、高徳院、永福寺などの寺院や当時の権力者の屋敷跡が散在する。また、周囲の丘陵には、外部に通じる交通路であった険しい切通し道（鎌倉七口）が現存する。それに、海岸には、港の遺跡である和賀江嶋が残っている。これらは現代日本をささえる精神・物質文化の根元を証するものとして、非常に重要であると考えられている。1992年に「古都鎌倉の寺院・神社ほか」として世界遺産の暫定リストに記載された。2011年9月22日、世界遺産条約関係省庁連絡会議（外務省、文化庁、環境省、林野庁、水産庁、国土交通省、宮内庁）が開催され、「武家の古都・鎌倉」（文化庁、国土交通省の共同推薦）の政府推薦が決定、2013年の第37回世界遺産委員会での世界遺産登録をめざしていたが、専門機関イコモスの「不登録」勧告を受けて、世界遺産委員会の事前に推薦を取り下げ、撤回した。神奈川県、横浜市、鎌倉市、逗子市の4県市では、再推薦に向けて、「武家の古都」に替わる新たなコンセプト及び構成資産を練り直し、早期の世界遺産登録をめざしている。

富士山－信仰の対象と芸術の源泉

（Fujisan, sacred place and source of artistic inspiration）

富士山－信仰の対象と芸術の源泉は、日本の中央部、山梨県と静岡県の2県にまたがり、三保松原など25の構成資産からなる。富士山は、標高3776mの極めて秀麗な山容を持つ円錐成層火山である。古くから噴火を繰り返したことから、霊山として多くの人々に畏敬され、日本を代表し象徴する「名山」として親しまれてきた。山を遥拝する山麓に社殿が建てられ、後に富士山本宮浅間大社や北口本宮冨士浅間神社が成立した。平安時代から中世にかけては修験の道場として繁栄したが、近世には江戸とその近郊に富士講が組織され、多くの民衆が富士禅定を目的として大規模な登拝活動を展開した。このような日本独特の山岳民衆信仰に基づく登山の様式は現在でも命脈を保っており、特に夏季を中心として訪れる多くの登山客とともに、富士登山の特徴をなしている。また、葛飾北斎による『富嶽三十六景』など多くの絵画作品に描かれたほか、『万葉集』などにも富士山を詠った多くの和歌が残されている。このように、富士山は一国の文化の基層をなす「名山」として世界的に著名であり、日本の最高峰を誇る秀麗な成層火山であるのみならず、「信仰の対象」と「芸術の源泉」に関連する文化的景観として「顕著な普遍的価値」を有している。2007年に世界遺産暫定リストに登載、2011年に政府推薦が決定、2013年の第37回世界遺産委員会プノンペン会議で世界遺産登録を実現した。しかしながら、課題も多く、2016年の第40回世界遺産委員会で、世界遺産登録後の保全状況報告書（①文化的景観のアプローチを反映した登録遺産の全体ビジョン②来訪者戦略　③登山道の保全方法　④モニタリングなどの情報提供戦略　⑤富士山の噴火、或は、大地震などの環境圧力、新たな施設や構造物の建設などの開発圧力、登山客や観光客の増加などの観光圧力など、さまざまな危険に対する危機管理計画に関する進展状況　⑥管理計画の全体的改定）の提出を義務づけられている。

文化遺産（登録基準(ⅲ)(ⅵ)）　2013年

富士山憲章

富士山憲章とは、1998年（平成10年）11月18日、静岡県と山梨県の両県によって、富士山の環境保全をアピールする為に制定された。富士山憲

世界遺産関連用語　日本関連

章は、地元だけでなく日本全国に向け富士山を守る決意を発信するとともに自然保護の全国運動の原点となることが期待されており、次の通り、前文と5項目の行動規範からなっている。

『富士山は、その雄大さ、気高さにより、古くから人々に深い感銘を与え、「心のふるさと」として親しまれ、愛されてきた山です。富士山は、多様な自然の豊かさとともに、原生林をはじめ貴重な動植物の分布など、学術的にも高い価値を持っています。富士山は、私たちにとって、美しい景観や豊富な地下水などの恵みをもたらしています。この恵みは、特色ある地域社会を形成し、潤いに満ちた文化を育んできました。しかし、自然に対する過度の利用や社会経済活動などの人々の営みは、富士山の自然環境に様々な影響を及ぼしています。富士山の貴重な自然は、一度壊れると復元することは非常に困難です。富士山は、自然、景観、歴史・文化のどれひとつをとっても、人間社会を写し出す鏡であり、富士山と人との共生は、私たちの最も重要な課題です。私たちは、今を生きる人々だけでなく、未来の子供たちのため、その自然環境の保全に取り組んでいます。今こそ、私たちは、富士山を愛する多くの人々の思いを結集し、保護と適正な利用をもとに、富士山を国民の財産として、世界に誇る日本のシンボルとして、後世に引き継いでいくことを決意します。よって、静岡・山梨両県は、ここに富士山憲章を定めます。

1　富士山の自然を学び、親しみ、豊かな恵みに感謝しよう。
1　富士山の美しい自然を大切に守り、豊かな文化を育もう。
1　富士山の自然環境への負荷を減らし、人との共生を図ろう。
1　富士山の環境保全のために、一人ひとりが積極的に行動しよう。
1　富士山の自然、環境、歴史・文化を後世に末永く継承しよう。

平成10年11月18日　静岡県・山梨県』

補陀洛山寺

紀伊山地の霊場と参詣道の構成資産のひとつ。中辺路と大辺路の参詣道が合流する海岸近くに位置し、青岸渡寺と同じ開基伝承を持つ寺院。

観音の浄土「補陀洛山」を目指し、多くの僧侶が出発した地で、9世紀〜18世紀に20数回の補陀洛渡海が試みられた。それらの渡海上人達を祀る。千手千眼、全知全能、広大無辺の偉大なる観音力を表し給う千手観音を本尊としている。また、古来熊野三所権現を祀る「浜の宮」と隣接し、神仏習合の信仰形態を示している。

普通地域

自然公園では、公園ごとに自然風景の保護と適正な利用の促進を図るための公園計画が定められ、行為の規制や利用のための施設整備が行われている。普通地域とは、特別地域含まれない地域で風景の保護を図る地域である。

ふるさと納税制度

ふるさと納税制度とは、生まれ育った「ふるさと」を応援したい、貢献したい、といった納税者の思いを実現する為、納税者が、「ふるさと」と思われる地方公共団体に寄附をした場合、その一定限度までを、所得税をあわせて、個人住民税から控除する寄附金税制のことで、平成20年度から始まった。寄附先は、出身地に限らず、全国の都道府県・市区町村の地方公共団体から選ぶことができる。例えば、和歌山県の場合、寄附申出者は、6事業から使途を指定できるが、「世界遺産紀伊山地の霊場と参詣道の保全や活用」と「大切なふるさとの森を守り育てる（トラスト運動）」の人気が高い。和歌山県のこうした取組みは、他の世界遺産のある都道府県・市区町村へと波及することが期待される。

文化遺産への登録手順

世界遺産条約に基づく世界遺産リストへの登録推薦については、毎年2月1日までに各国からユネスコ本部に対し登録を希望する物件を推薦する。日本では、文化審議会で推薦物件の了承を得、関係省庁連絡会議で政府としての推薦を決定、外務省からユネスコ本部へ推薦書が提出される。登録に際しては、ICOMOSから派遣された専門家による厳格な現地調査を含む評価報告書を基に世界遺産委員会が厳しい審査を行う。

世界遺産関連用語　日本関連

文化芸術基本法

文化芸術基本法は、文化芸術に関する活動を行う人々の自主的な活動を促進することを基本としながら、文化芸術に関する施策の総合的かつ計画的な推進を図り、心豊かな国民生活及び活力ある社会の実現に貢献することを目的としている。今後は、観光・まちづくり・国際交流・福祉・教育・産業等文化芸術に関連する幅広い分野も含めた施策を推進するとともに、行政機関・文化芸術団体・民間事業者・学校・地域等の連携のこれまで以上の連携により、文化芸術に関する施策が更に推進されていくことが期待されている。

文化財の種類、指定・選定、登録

文化財保護法では、文化財を「有形文化財」、「無形文化財」、「民俗文化財」、「記念物」及び「伝統的建造物群」と定義し、これらの文化財のうち、重要なものを重要文化財、史跡名勝天然記念物等として国が指定選定し重点的な保護の対象としている。このほか、近代を中心にした身近な文化財建造物を登録有形文化財に登録し、保護に努めている。また、無形文化財、無形民俗文化財では、指定のほかに記録作成等の措置を講ずべきものを文化庁長官が選択し、その記録の作成に努めている。このほか土地に埋蔵されている文化財（埋蔵文化財）、文化財の保存・修理に欠くことのできない伝統的な技術・技能（文化財保存技術）も保護の対象とされている。文化財の指定・選定及び登録は、文部科学大臣が文化審議会に諮問し、その答申を受けて行うこととされている。現在、国が指定等した文化財の件数は本書ので示した通り。この文化財の指定等件数は、時代の変遷や新発見、学術的な調査研究の進展等に応じて、着実に増加している。国が指定等した文化財については、その種類に応じて、現状変更等に一定の制限が課される一方、修理等に対する国庫補助を行うなど、保存及び活用のため必要な各種の措置を講じている。

文化財防火デー

文化財防火デーは、毎年1月26日。この日は、法隆寺の金堂の壁画が焼損した日（昭和24年1月26日）に当たるので、この日を「文化財防火デー」と定め、この日を中心に文化財を火災、震災、その他の災害から守るため、全国的に文化財防火運動を展開し、国民の文化財愛護思想の高揚を図るものである。

文化財保護法

文化財は、わが国の歴史や文化を正しく理解する上で欠くことのできない。このため国民的財産である文化財を後世に伝えていく為には、適切な保存と活用を図っていくことが極めて重要。このような観点から、貴重な文化財を保護する為、昭和25年（1950年）に制定された文化財保護法に基づいて、重要なものを国宝、重要文化財や史跡、名勝、天然記念物などに指定するとともに、これらの保存修理や防災（Risk preparedness）、埋蔵文化財の発掘調査、史跡などの公有化や整備など 各種の施策が講じられている。また、1996年度には、文化財の保護手法の多様化を図る為、文化財登録制度が導入され、従来なら保護の対象になりにくかった近代の建造物（原則として建築後50年以上のもの）で、歴史的価値のあるものを対象にしている。

文化審議会

文化審議会は、文部省から文部科学省への中央省庁の再編の中で、従来の文化財保護審議会が、2001年1月6日以降、文化審議会（会長 宮田亮平 東京藝術大学長）に整理統合され、文化財分科会（会長 石澤良昭 上智大学長）に移行した。文化財分科会の主な所掌事務は、文化財の保存及び活用に関する重要事項を調査審議する。

文化庁

文化庁は、芸術文化の振興、文化財の保存・活用、国際文化交流の振興等を使命としている。今後、時代の変化に応じた取組を進めていくためには、文化行政を大胆に転換し、観光、まちづくり、福祉、教育、産業などの様々な関連分野との連携を強化し、総合的に施策を推進することが不可欠である。また、文化芸術資源を核とする地方創生の推進、生活文化や近現代文化遺産等の複合領域などの新分野に対応できる体制も求められている。さらに、戦略的な国際文化交流・海外発信や文化政策の調査研究の強化

も必要である。2017年6月には文化芸術振興基本法が改正され、新たに「文化芸術基本法」が施行された。創設50周年の節目に当たる2018年10月1日、文化庁は、改正基本法等を踏まえ、文化による地方創生や文化財の活用等新たな政策ニーズへの対応などを進めるための機能強化や抜本的な組織改編を行った。文化庁の京都移転については、外交や国会対応、関係省庁との調整や政策企画立案などの業務についても現在と同等以上の機能とすることを前提としている。

保安林

保安林とは、国土の保全、水資源のかん養などを目的として、森林法に基づき指定され、管理されている森林で、水源かん養保安林、土砂の流出の防備、土砂の崩壊の防備、保健保安林、風致保安林など17種類ある。立木の伐採などについて一定の制限が課せられるが、税制上の優遇措置がとられている。

防火地区

防火地区とは、都市計画法第8条第1項の5で、防火地域内の建物の防火制限が規定されている指定地域。街の中心地で商業地域に指定されている。幹線道路沿い11mに路線防火線が指定されている。準防火地域は防火地域の周辺が対象で木造建築は可能であるが、外壁、軒裏等は防火構造が必要である。

法隆寺地域の仏教建造物

（Buddhist Monuments in the Horyu-ji Area）
法隆寺地域の仏教建造物は、奈良県生駒郡斑鳩町にあり、法隆寺、法起寺からなる。日本には8世紀以前に建立された木造建造物が28棟残るが、その内11棟が法隆寺地域に所在する。法隆寺は、世界最古の木造建築物の中門、金堂、日本の塔の中で最古の五重塔などからなる西院伽藍、夢殿を中心とした東院伽藍などからなる。また、法起寺には日本最古の三重塔が残存する。この地域は、その他にも多くの古刹にも恵まれ、日本の仏教寺院の全歴史を物語る文化遺産がここに総合されている。法隆寺地域は、建造物群だけではなく、釈迦三尊像、百済観音像、救世観音像などの仏像、法隆寺会式（聖霊

会）などの宗教儀礼、学問、歴史、信仰など日本の仏教文化の宝庫ともいえ、斑鳩の里として、日本人の心のふるさとになっている。
文化遺産（登録基準(i)(ii)(iv)(vi)）　1993年

保護施設計画

保護施設計画とは、植生復元、動物繁殖の施設。

保護林

保護林は、原生的な森林生態系からなる自然環境の維持、動植物の保護、遺伝資源の保存、施業及び管理技術の発展等に特に資することを目的に、区域を定めて、禁伐等の管理経営を行い保護を図る国有林野のこと。現行の保護林制度では、保護林の種類は、森林生態系保護地域、森林生物遺伝資源保存林、林木遺伝資源保存林、植物群落保護林、特定動物生息地保護林、特定地理等保護林、郷土の森の7種類となっている。

保全計画

保全計画とは、自然環境保全地域における自然環境の保全のための規制又は施設に関する保全計画をたて、それに基づいて執行する事業を保全事業。保全計画の内容は、管理上必要な巡視歩道、管理舎、標識、排水、廃棄物処理施設、植生復元、病害虫等除去施設、砂防・防火施設、給餌、養殖施設等をいう。

北海道・北東北の縄文遺跡群

北海道・北東北の縄文遺跡群は、津軽海峡を挟んだ日本列島の北海道・北東北に位置し、縄文時代の各時期（草創期、早期、前期、中期、後期、晩期）における、人々の生活跡の実態を示す遺跡（集落跡、貝塚、低湿地遺跡）や、祭祀や精神的活動の実態を示す記念物（環状列石、周堤墓）で構成された17遺跡からなる考古学的遺跡群である。2021年の第45回世界遺産委員会で登録の可否が審議される。

本願寺（西本願寺）

古都京都の文化財の構成資産のひとつ。1591年に京都の現在地に移転した浄土真宗本山寺院で、1633年にほぼ現在の姿に整えられた。1657年に黒書院、17世紀末に南能舞台、1760年に本

世界遺産関連用語　日本関連

堂が再建された。桃山時代から江戸時代を代表する建造物と庭園が残されている。広々とした境内は、市民の憩いの場にもなっている。

本地垂迹説

仏を本地（本体）として、神は仏が形を変えこの世に現われたもの（垂迹）とする仏教を優位に考える神仏習合の思想。

埋蔵文化財

埋蔵文化財は、遺跡や遺物が土地に埋蔵されている状態にある文化財で、調査または土木工事等のため発掘する場合や遺跡を発見した場合には届け出ることが義務づけられている。また、文化庁及び地方公共団体において、全国的な埋蔵文化財の分布調査等の措置を行い、埋蔵文化財包蔵地の周知を図っている。埋蔵文化財の現状による保存を不可能とする原因となった開発事業等の事業者に対し、その経費負担による記録保存のための調査の実施を求めることとしている。但し、個人が行う住宅の建設など、調査経費の負担を求めることが適当でない場合については、国庫補助により地方公共団体が調査を行うこととしている。

まちづくり

まちづくりとは、言葉自体は、戦後間もない時期から論文などで用いられてきたが、今日では、都市計画の内容を含みつつ、環境、福祉、教育、政治、行政などの社会システムを扱う社会計画の総体を扱う考え方である。狭義では、ソフトの部分のみをさして使われる場合もある。

間歩（まぶ）

坑道のこと。石見銀山では、約600の間歩があるといわれる。現在公開されているのは、龍源寺間歩と大久保間歩の二つ。

民俗文化財

民俗文化財は、衣食住、生業、信仰、年中行事等に関する風俗慣習、民俗芸能及びこれらに用いられる衣服、器具、家屋、その他の物件など人々が日常生活の中で生み出し、継承してきた有形・無形の伝承で人々の生活の推移を示すも

の。国は、重要なものについて指定を行うとともに、有形の民俗文化財の収蔵施設や防災施設の設置、その修理に対し助成を行っているほか、地方公共団体が行う無形の民俗文化財の保存・伝承事業及び民俗文化財の活用事業などに対して助成を行っている。

無形文化財

無形文化財は、演劇、音楽、工芸技術、その他の無形の文化的所産でわが国にとって歴史上または芸術上価値の高いものを「無形文化財」という。無形文化財は、人間の「わざ」そのものであり、具体的にはそのわざを体得した個人または個人の集団によって体現される。国は、無形文化財のうち重要なものを重要無形文化財に指定し、同時に、これらのわざを高度に体現しているものを保持者または保持団体に認定し、わが国の伝統的なわざの継承を図っている。保持者等の認定には各個認定、総合認定、保持団体認定の3方式がとられている。重要無形文化財の保持のため、国は、各個認定の保持者、いわゆる人間国宝に対し、特別助成金（年額200万円）を交付しているほか、保持団体、地方公共団体等の行う伝承者養成事業、公開事業に対しその経費の一部を助成している。このほか、国立劇場においては、能楽、文楽、歌舞伎、演芸等の芸能に関して、それぞれの後継者養成のための研修事業等を行っている。

明治日本の産業革命遺産：製鉄・製鋼、造船、石炭産業

（Sites of Japan's Meiji Industrial Revolution: Iron and Steel, Shipbuilding and Coal Mining）

明治日本の産業革命遺産：製鉄・製鋼、造船、石炭産業は、日本の福岡県、佐賀県、長崎県、熊本県、鹿児島県、山口県、岩手県、静岡県の8県11市に分布する23の構成資産からなる。構成資産は、西洋から非西洋への産業化の移転が成功したことを証言する産業遺産群であり、日本は、19世紀後半から20世紀の初頭にかけ工業立国の土台を構築し、後に日本の基幹産業となる製鉄・製鋼、造船、石炭産業と重工業において急速な産業化を成し遂げた。一連の遺産群は、製鉄・製鋼、造船、石炭産業と重工業分野において、1850年代から1910年の半世紀で、西洋の技

世界遺産関連用語　日本関連

術が移転され、日本の伝統文化と融合し、実践と応用を経て、産業システムとして構築される産業国家形成への道程を時系列に沿って証言している。構成資産である橋野高炉跡及び関連施設、長崎造船所の一部、三池炭鉱の三池港、旧官営八幡製鐵所は現在も操業を続けている。副題は、当初、九州・山口と関連地域であったが、製鉄・製鋼、造船、石炭産業と、地域から業種へと変更になった。
文化遺産（登録基準(ii)(iv)）　2015年

名勝

名勝は、庭園、橋梁、峡谷、海浜、山岳等の名勝地で、わが国にとって芸術上または鑑賞上価値の高いものをいう。

猛禽類

猛禽類は、飛翔力が強く、曲がった鋭いくちばしと爪をもち、他の鳥類や哺乳類、爬虫類などを捕食する大型の鳥の総称で、ワシタカ目とフクロウ目の総称として用いられることが多い。現在、日本で繁殖する猛禽類は、16〜18種、越冬や渡り途中に通過するもの13種が知られている。

百舌鳥・古市古墳群：古代日本の墳墓群
（Mozu-Furuichi Kofun Group: Mounded Tombs of Ancient Japan）

百舌鳥・古市古墳群は、日本の近畿地方、大阪府の堺市、羽曳野市、藤井寺市にある。登録面積が166.66ha、バッファーゾーンが890ha、構成資産は、仁徳天皇陵古墳、応神天皇陵古墳、履中天皇陵古墳など45件49基＜百舌鳥エリア（大阪府堺市）：23基（仁徳天皇陵古墳ほか）＞、＜古市エリア（大阪府羽曳野市・藤井寺市）：26基（応神天皇陵古墳ほか）＞の古墳からなる。百舌鳥・古市古墳群は、古墳時代の最盛期であった4世紀後半から5世紀後半にかけて、当時の政治・文化の中心地のひとつであり、大陸に向かう航路の発着点であった大阪湾に接する平野上に築造された。世界でも独特な、墳長500m近くに達する前方後円墳から20m台の墳墓まで、大きさと形状に多様性を示す古墳により構成される。墳丘は葬送儀礼の舞台であり、幾何学的にデザインされ、埴輪などで外観が飾り立てられた。百舌鳥・古市古墳群は、土製建造物のたぐいまれな技術的到達点を表し、墳墓によって権力を象徴した日本列島の人々の歴史を物語る顕著な物証である。
文化遺産（登録基準(iii)(iv)）　2019年

文部科学省

文部科学省は、「ユネスコ活動に関する法律」に基づいて、文部科学省内に置かれている日本ユネスコ国内委員会への諮問、国内委員の任命、事務の処理、ユネスコ活動に関する法令の策定、予算の編成、事業の実施、ACCUや日本ユネスコ協会連盟などの民間団体への助成などを行っている。

屋久島（Yakushima）

屋久島は、鹿児島県の南方約60kmのコバルトブルーの海に浮かぶ周囲132km、面積500km²、わが国では5番目に大きい離島。屋久島は、中生代白亜紀の頃までは海底であったが、新生代になって造山運動が活発化、約1400万年前、海面に岩塊の一部が現われ島の原形がつくられた。日本百名山の一つで、九州最高峰の宮之浦岳（1935m）を中心に、永田岳、安房岳、黒味岳など1000mを越える山々が40座以上も連なる。登録遺産は、宮之浦岳を中心とした島の中央山岳地帯に加え、西は国割岳を経て海岸線まで連続し、南はモッチョム岳、東は愛子岳へ通じる山稜部を含む区域。国の特別天然記念物にも指定されている樹齢7200年ともいわれる縄文杉を含む1000年を超す天然杉の原始林、亜熱帯林から亜寒帯林に及ぶ植物が、海岸線から山頂まで垂直分布しており、クス、カシ、シイなどが美しい常緑広葉樹林(照葉樹林)は世界最大規模。樹齢1000年以上の老樹の杉を特に屋久杉と呼ぶ。樹齢数100年の若い杉は屋久小杉。屋久杉の木目は美しく、樹脂が多く、材質は朽ち難く世界の銘木として珍重されている。またヤクザル、ヤクシカ、鳥、蝶、昆虫類も多数生息している。
自然遺産（登録基準(vii)(ix)）　1993年

屋久島の自然保護運動

屋久島の自然保護運動は、昭和40年代の高度経済成長の時代に大規模伐採が行われた屋久杉原生林の保護に象徴される。屋久杉原生林の保護

生林の保護に象徴される。屋久杉原生林の保護は、1924年、国の天然記念物に指定されたのが始まりだが、1954年に国の特別天然記念物に指定され、1964年には霧島屋久国立公園に編入されるが、大規模伐採は続いた。屋久島の島民は、1972年、屋久杉の大規模伐採の中止を求める「屋久島の森を守る会」を結成、上屋久町は、1989年、林地活用計画検討委員会を設置、鹿児島県の屋久島環境文化村構想へとつなげ、屋久島の自然保護運動を前進させた。屋久杉の伐採が全面禁止は、1970年、小杉谷事業所が閉鎖されて、屋久杉生産の中継基地としての役割を終えた。こうした自然保護運動のなかで、1975年、環境庁による屋久島原生自然環境保全地域、1992年、林野庁による屋久島森林生態系保護地域、1981年、屋久島は、ユネスコの「人間と生物圏計画」（MAB）の生物圏保存地域に指定され、1993年、ユネスコの世界遺産リストに登録された。

ヤン・レッツェル
チェコの建築家（1880～1925年）。原爆ドーム（旧広島県産業奨励館）を設計。

やんばる
やんばるは、漢字で「山原」と書き、「山々が連なり森が広がる地域という意味の言葉。やんばると呼ばれる国頭村（くにがみそん）・大宜味村（おおぎみそん）・東村（ひがしそん）は、豊かな森が広がるエリア。この地域は、2016年9月15日に環境省により「やんばる国立公園」に指定され、「奄美大島、徳之島、沖縄島北部及び西表島」地域の構成資産の一つ。アジア大陸と分離・結合をくり返して今の形となった奄美・琉球諸島では、生き物が独自の進化をとげながら多様化してきた結果、ここでしか見られない動物や植物が沢山あらわれた。ヤンバルクイナ、ノグチゲラ、ヤンバルテナガコガネは、やんばるの「固有種」の代表格で、絶滅危惧種も数多く生息・生育している。やんばるの森を確実に後世に受け継ぐため、さまざまな保護・保全の取組みが進んでいる。国立公園等の保護地域として指定されたほか、林道パトロール、マングース対策などが進められている。

有形文化財
有形文化財は、建造物、絵画、工芸品、彫刻、書跡、典籍、古文書、考古資料、歴史資料などの有形の文化的所産で、わが国にとって歴史上、芸術上、学術上価値の高いものを総称して有形文化財と呼んでいる。このうち、建造物以外のものを総称して「美術工芸品」と呼んでいる。国は有形文化財のうち重要なものを重要文化財に指定し、更に世界文化の見地から特に価値の高いものを国宝に指定して保護している。

ユネスコ・アジア文化センター
ユネスコ・アジア文化センターは、ユネスコの基本方針に沿って、アジア・太平洋地域の無形文化遺産の保存と振興などの文化協力事業、持続可能な開発のための教育などの教育協力事業、ユネスコ青年交流などの人物交流事業を推進している。ユネスコ・アジア文化センターは、政府と民間の協力により1971年に設立された財団法人で、ユネスコおよびアジア・太平洋地域ユネスコ加盟国との緊密な連携の下、各分野で着実な成果を収めている。略称　ACCU

ユネスコ・アジア文化センター文化遺産保護協力事務所
ユネスコ・アジア文化センター文化遺産保護協力事務所は、文化庁の要請と奈良県奈良市の支援を得て設立され、研修による人材育成、国際会議の開催、情報の提供などを実施している。事務所は、奈良県法蓮庁舎1階にある。

湯泉津
石見銀山遺跡とその文化的景観の構成資産のひとつ。日本海に面したリアス式海岸湾入部にあり、沖泊の隣の港町。16世紀後半に銀山奉行支配の幕府直轄領となり、17世紀初頭までは銀の積み出しなどの港として、また薬効の高い湯治場として活況を呈した。国の重要伝統的建造物群保存地区に指定されている。

吉野水分神社
紀伊山地の霊場と参詣道の構成資産のひとつ。吉野山に位置する水の分配を司る神社。12世紀には神仏習合により、神社の祭神が地蔵菩薩の垂迹とされ重視された。「水分」から転じ、

「御子守」の神としても信仰を集め、俗に「子守神社」として親しまれている。

吉野山

紀伊山地の霊場と参詣道の構成資産のひとつ。大峰山脈の北端部に当たり、約7kmの尾根沿いに神社や修験道の寺院、宿坊、商店などが建ち並ぶ。修験道の本尊蔵王権現の霊木として植樹された桜が広範囲に分布し、平安時代から桜の名所として知られ、多くの文人墨客も花見に訪れた。信仰や芸術に関連する典型的な文化的景観を形成している。

ヨドコウ迎賓館

ヨドコウ迎賓館は、山邑家別邸として1918年(大正7年)にアメリカが生んだ近代建築の巨匠、フランク・ロイド・ライト(Frank Lloyd Wright)によって設計された。ライトがアメリカに帰国後は、彼の弟子である遠藤 新と南 信が引き継ぎ、1924年(大正13年)に竣工。1947年(昭和22年)に株式会社淀川製鋼所が社長邸として建物を購入し、1989年(平成元年)より「ヨドコウ迎賓館」として一般公開している。1974年(昭和49年)には、大正年間の建物として、また鉄筋コンクリート造の建物として初めて、国の重要文化財に指定された。日本では旧帝国ホテルの設計者として知られているライトであるが、建築当初の姿をほぼ完全に残すライトの住宅建築は、日本にはこのヨドコウ迎賓館のみである。敷地は南北に細長く、ゆるやかな南傾斜となっており、建物はその山肌に沿って階段状に建てられている。幾何学的な彫刻を施した大谷石や、マホガニーの複雑な木組み装飾、植物の葉をモチーフとした飾り銅板など、自然と融和するライトの建築思想を随所から感じられる。建物は緑に囲まれた小高い丘の上に建ち、屋上のバルコニーからは六甲の山並み、市街地や大阪湾を眺望することができる。「フランク・ロイド・ライトの20世紀の建築」(アメリカ合衆国)は、2019年に世界遺産に登録されたが、将来的な登録範囲の拡大の可能性として、日本の「旧山邑家住宅」(芦屋市 国の重要文化財)も挙げられている。

琉球王国のグスク及び関連遺産群
(Gusuku Sites and Related Properties of the Kingdom of Ryukyu)

琉球王国のグスク及び関連遺産群は、日本列島の最南端に位置する島嶼沖縄県の那覇市など3市4村にまたがって点在する。14世紀中頃には三王国が分立していた琉球が、琉球王国への統一に動き始める14世紀後半から、王国が確立した後の18世紀末にかけて生み出された琉球地方独自の特徴を表す文化遺産群である。今帰仁城跡、座喜味城跡、勝連城跡、中城城跡、首里城跡、園比屋武御嶽石門、玉陵、識名園、斎場御嶽の9つからなり、国の重要文化財(2棟)、史跡(7)、特別名勝(1)にも指定されている。今帰仁城、座喜味城、勝連城、中城城は、いずれも三国鼎立期から琉球王国成立期にかけて築かれた城で、首里城は琉球王の居城として中心となった建物、さらに王室関係の遺跡として園比屋武御嶽石門、玉陵、識名園がある。また、中央集権的な王権を信仰面で支える国家的な祭祀の場として斎場御嶽も登録されている。沖縄の城(グスク)には必ず霊地としての役割があり、地域の信仰を集める場所であったと考えられている。琉球諸島は東南アジア、中国、朝鮮、日本の間に位置し、それらの文化・経済の中継地であったと同時に、グスク(城塞)を含む独自の文化財および信仰形態をともなっている。

文化遺産 (登録基準(ii)(iii)(vi)) 2000年

琉球諸島

琉球諸島は、2003年3月に、環境省と林野庁による、世界自然遺産候補地に関する検討委員会で、北海道の「知床」、東京都の「小笠原諸島」と共に、わが国の世界遺産候補として選ばれた3地域のなかの一つである。「琉球諸島」については、現在、世界遺産登録に向けての登録要件を満たすべく準備が進められている。小規模な島嶼の中に多様な景観要素がコンパクトにまとまって見られる自然景観、島弧-海溝系の地形、大陸島における生物の侵入と隔離による種分化、大規模な島嶼における特異な生態系、亜熱帯性多雨林の成立、河川及び沿岸生態系の特殊性などの生態系、希少種・固有種の生息地等、移動性生物の繁殖地等の生物多様性が特色である。「琉球諸島」の世界遺産の登録範囲には、奄美諸島も含まれることから、奄美諸島の

世界遺産関連用語 日本関連

関係市町村からは、「奄美・琉球諸島」と、奄美を世界遺産の登録遺産名に加えることを要望している。

龍安寺

古都京都の文化財の構成資産のひとつ。元は徳大寺家の別荘であった地を、1450年に細川勝元が譲り受け建立した禅宗寺院で、1488年に方丈が復興され、諸堂が整備された。現在の方丈（本堂）は、1606年建立の西源寺方丈を1797年に移築したもの。石庭として名高い方丈庭園は、築地塀に囲まれた東西25m、南北10mほどの白砂敷きの中に岩石を5群15個、5・2・3・2・3 に配置したもの。白砂と石組と古びた油土塀の色合いが美しく調和し、禅味あふれ、枯山水庭園の代表作として世界的に知られている。一般に「虎の子渡しの庭」、「七五三の庭」と呼ばれている。また、寺の南側には、鏡容池を中心とした池泉廻遊式の庭園が広がる。

利用規制計画

利用規制計画とは、スノー・モービルやマイカーなどの乗り入れ規制計画等をいう。

利用施設

利用施設とはビジターセンター、休憩所、キャンプ場、車道、歩道、ロープウェイ等をいう。

輪王寺

日光の社寺の構成資産のひとつ。8世紀末に日光開山の勝道が創建した四本竜寺に起源をもち、日光山の中心寺院として発展してきた。1653年には三代将軍徳川家光の霊廟である大猷院霊廟が造営され、輪王寺は徳川幕府の崇拝を受けた。

林木遺伝資源保存林

林木遺伝資源保存林は、主要林業樹種及び希少樹種等に係る林木遺伝資源を森林生態系内に保存し将来の利用可能性に資する森林。保存対象樹種の天然分布地の天然林で、原則として保存対象樹種毎に繁殖力の旺盛な個体を集団的に100本程度以上含み5ha程度以上の面積を有するもののうち特に保護を必要とする地域である。

林野庁

林野庁は、農林水産省の3つの外局（林野庁、食糧庁、水産庁）のうちの一つ。林野庁は、森林の健全な育成を通じて、国土保全など公益的機能を高度に発揮させること、さらに木材の安定供給を図るなど、民有林行政と国有林野事業を行うのが大きな役割。 世界遺産関係の窓口は、森林整備部森林保全課が担当している。

ル・コルビュジエの建築作品－近代化運動への顕著な貢献

（The Architectural Work of Le Corbusier, an Outstanding Contribution to the Modern Movement）
文化遺産（登録基準(i)(ii)(vi)） 2016年
（フランス／スイス／ベルギー／ドイツ／インド／日本／アルゼンチン）

歴史的景観

歴史的景観は、私たちの身近なところにある、まちの古い建物、神社やお寺、あるいは昔から利用している道や橋、公園、並木や路地などがお互いに関わり合いながらつくっているもの。歴史的景観の特性を活かした景観づくりを進めるにあたっては、それぞれの場所ごとに、地形や緑、建物や道路などの様々な要素や見え方などを考えていく必要がある。

歴史的建造物

歴史的建造物とは、歴史的な価値を有する建造物。歴史的建造物は、洋風か和風か、江戸、明治、大正、昭和のいずれの時代に建造されたものかなど、歴史的背景の違いによって、異なる雰囲気を醸し出している。歴史的景観を活かした景観づくりでは、このような歴史的建造物が醸し出している雰囲気を活かすことが重要。歴史的背景を十分に考慮した上で、歴史的建造物の見え方や歴史的建造物の存在を感じさせる景観づくりへの配慮が求められる。

歴史的風土保存区域

歴史的風土保存区域とは、歴史上重要な意義を有する建造物、遺跡等が周辺の自然環境と一体をなして古都における伝統と文化を具現、形成している区域である。歴史的風土特別保存地区は、歴史的風土保存区域の中で特に枢要な地区である。

歴史の道百選

歴史の道百選は、1996年に文化庁が選定した歴史の面影が残る古道、旧街道。北海道の福山街道、青森県の奥州街道、栃木県の日光杉並木街道、群馬県の佐渡路〜三国街道、群馬県の中山道〜碓氷峠越、長野県の中山道〜信濃路、神奈川県の東海道〜箱根旧街道・湯坂道・西坂、三重県の熊野参詣道、和歌山県の高野山参詣道〜町石道など全国で78か所が選定されている。

歴史まちづくり法

歴史まちづくり法は、正式には、「地域における歴史的風致の維持及び向上に関する法律」といい、2008年11月から施行、旧家の復元など歴史的な街並み整備を支援する。市町村が城跡や古墳群などの文化財を中心とした周辺一帯の整備計画を作成し、国が認定すれば、歴史的建造物の修復や復元にかかる費用の補助や、電柱を地中化できる道路の範囲拡大などについて支援が受けられる。

レンジャー

レンジャーとは、環境省の職員で国立公園の管理を行う者の名称で、国立公園内での開発行為の規制、公園施設の維持管理、利用者指導等の業務に当たっている。レンジャーは、開発行為の規制等では優れた風景地を守るため、国立公園と他の土地利用や開発との調整、国立公園内の風景や自然環境の保護を図っている。利用者指導では、利用者に対する自然解説やビジターセンターの運営等を通じて、ごみの持ち帰りや動物の保護など公園利用のマナー、自然環境の大切さについて理解を深めるなどの教育的活動を行っている。

鹿苑寺（金閣寺）

古都京都の文化財の構成資産のひとつ。鎌倉時代に築かれた貴族の別荘を、1397年に足利義満が譲り受け、別邸北山殿に造り替え、義満の死後、夢窓疎石を開山とする禅宗寺院としたもの。舎利殿（金閣）の1階は、寝殿造り風、2階は書院造り風、3階は禅宗風で、2階、3階には漆地に金箔を張った構成となっている。屋根はこけら葺で上には鳳凰遙が飾られている。第二次世界大戦以前から国宝に指定されていたが、1950年の火災で焼失した。現存する建物は、1955年に復元再建されたもの。1987年には金箔が全面張り替えられ、2003年には屋根の葺替えも行われた。庭園は、衣笠山を借景とし、鏡湖池を中心に広がる室町時代の代表的な地泉回遊遊式庭園である。臨浄化禅宗相国寺派の禅寺。

ロードキル防止対策

ロードキルとは、車両にひかれて死ぬ轢死（れきし）、ぶつかって死ぬ衝突死、道路わきの排水溝内へ落ち込み溺れて死ぬ溺死、乾燥して死んでしまう乾涸死（かんこし）などの、道路による影響で野生動物が死亡することをいう。例えば、沖縄県沖縄本島北部のやんばるでは、ヤンバルクイナ、ケナガネズミ、リュウキュウヤマガメ、イボイモリ、シリケンイモリなど様々な動物がロードキルにあっており、ロードキル防止キャンペーン、事故多発路線での呼びかけ、横断幕や看板などの設置による走行車両への注意喚起、メディア、パネル展、ホームページ、パンフレット、講座などによる普及啓発、傷病鳥獣救護事業（沖縄県）による救護個体の治療、事故情報の収集、死因の解析、道路環境の対策などのロードキル防止対策が講じられている。

世界遺産関連用語 日本関連

略語一覧

テワカン・クイカトラン渓谷：
メソアメリカの起源となる環境
（Thuacán-Cuicatlán Vally : originary habitat of Mesoamerica）
複合遺産（登録基準(iv)(x)）
2018年

ACCU	Asia/Pacific Cultural Centre for UNESCO	ユネスコ・アジア文化センター
ASEAN	Association of Southeast Asian Nations	東南アジア諸国連合
ASPnet	Associated Schools Project Network	ユネスコ・スクール（ユネスコ協同学校）
CBD	Convention on Biological Diversity	生物多様性条約
CI	Conservation International	コンサベーション・インターナショナル
CIFOR	Center for International Forestry Research	国際林業研究センター

CITES Convention on International Trade in Endangered Species of Wild Fauna and Flora
絶滅のおそれのある野生動植物の種の国際取引に関する条約
（通称　ワシントン条約、サイテス）

CL Cultural Landscape　文化的景観

CMS Convention on the Conservation of Migratory Species of Wild Animals
移動性野生動物種の保全に関する条約（通称　ボン条約）

COM World Heritage Committee　世界遺産委員会

CRATerre-ENSAG Centre International de la Construction en Terre - Ecole Nationale Superieure
d'Architecture de Grenoble　グルノーブル建築学院国際土構造物研究センター

D Recommended for Deferral　延期勧告

DoCoMoMo International Committee for the Documentation and Conservation of Monuments and
Sites of the Modern Movement
モダニズム記念物及び遺跡の記録及び保全のための国際委員会

EFA Education for All　万人のための教育

ESA European Space Agency　欧州宇宙機関

FAO Food and Agriculture Organization of the United Nations　国際連合食糧農業機関

FUUH Forum UNESCO - University and Heritage　フォーラム・ユネスコ－大学と遺産

GEF Global Environment Facility　地球環境ファシリティ

I Recommended for Inscription　登録（記載）勧告

IAU International Astronomical Union　国際天文学連合

IBRD International Bank for Reconstruction and Development
国際復興開発銀行（通称　世界銀行）

ICBP International Council for Bird Preservation　国際鳥類保護会議

ICCN Institut Congolais pour la Conservation de la Nature　コンゴ自然保護協会

ICCROM International Centre for the Study of the Preservation and Restoration of Cultural Property
文化財保存及び修復の研究のための国際センター（通称　ローマセンター）

ICME International Council on Metals and the Environment　国際金属・環境評議会

ICMM International Council on Mining and Metals　国際金属・鉱業評議会

ICOM The International Council of Museums　国際博物館協議会

ICOMOS International Council of Monuments and Sites　国際記念物遺跡会議(通称 イコモス)

ICSU International Council of Scientific Union　国際学術連合

IFLA International Federation of Landscape Architects　国際造園家連盟（通称 イフラ）

IIIC International Institute of Intellectual Cooperation　国際知的協力機関

IMO International Museums Office　国際博物館事務局

IOC Intergovernmental Oceanographic Commission　ユネスコ政府間海洋学委員会

IPCC Intergovernmental Panel on Climate Change　気候変動に関する政府間パネル

ISPRS International Society for Photogrammetry and Remote Sensing
国際写真測量リモートセンシング学会

IUCN International Union for Conservation of Nature and Natural Resources
国際自然保護連合

IUGS International Union of Geological Sciences　国際地質科学連合

JBIC	Japan Bank for International Cooperation	国際協力銀行
MAB	Man and Biosphere Programme	人間と生物圏計画
MOW	Memory of the World	メモリー・オブ・ザ・ワールド
N	Not recommended for inscription	不登録（不記載）勧告
NACS-J	Nature Conservation Society of Japan	日本自然保護協会
NGO	Non-Gavernmental Organization	非政府組織
NPO	Non-Profit Organizations	民間非営利法人組織
NWHF	Nordic World Heritage Foundation	北欧世界遺産財団
ODA	Official Development Assistance	政府開発援助
OUV	Outstanding Universal Value	顕著な普遍的価値
OWHC	The Organization of World Heritage Cities	世界遺産都市機構
PACT	Partnership for Conservation	保全のためのパートナーシップ
PICTs	Pacific Island Countries and Territories	太平洋島嶼地域
PSSA	Particularly Sensitive Sea Area	特別敏感海域
R	Recommended for Referral	照会勧告
SSC	Species Survival Commission	種の保存委員会
TICCIH	The International Committee for the Conservation of the Industrial Heritage	国際産業遺産保存委員会
UIS	UNESCO Institute for Statistics	ユネスコ統計局
UN	United Nations	国際連合
UNCED	United Nations Conference on Environment and Development	環境と開発に関する国連会議（国連環境開発会議、地球サミット）
UNCHE	United Nations Conference on the Human Environment	国連人間環境会議
UNCLOS	United Nations Convention on the Law of the Sea	国連海洋法条約
UNDESD	United Nations Decade of Education for Sustainable Development	国連持続可能な開発のための教育の10年
UNDP	United Nations Development Programme	国連開発計画
UNEP	United Nations Environment Programme	国連環境計画
UNEP WCMC	UNEP World Conservation Monitoring Center	世界自然保護モニタリング・センター
UNESCO	United Nations Educational, Scientific and Cultural Organization	国連教育科学文化機関（ユネスコ）
UNF	United Nations Foundation	国連財団
UTM	Universal Transverse Mercator	ユニバーサル横メルカトル図法
WCMC	World Conservation Monitoring Center	世界自然保護モニタリング・センター
WCPA	World Commission on Protected Areas	世界保護地域委員会
WHC	World Heritage Centre	ユネスコ世界遺産センター
WHIN	World Heritage Information Network	世界遺産情報ネットワーク
WHIPCOE	World Heritage Indigenous Peoples Council of Experts	世界遺産と原住民専門家会議
WHITR-AP	World Heritage Training and Research Institute for Asia and the Pacific Region	アジア・太平洋地域世界遺産研修・研究所
WHNEWS	World Heritage Newsletter	世界遺産ニュース
WMF	World Monument Fund	世界文化遺産財団
WNBR	World Network of Biosphere Reserves	生物圏保護区世界ネットワーク
WTO	World Tourism Organization	世界観光機関
WWF	World Wide Fund for Nature	世界自然保護基金

略語一覧

キーワード索引

中国の黄海・渤海湾沿岸の渡り鳥保護区群（第1段階）
（**Migratory Bird Sanctuaries along the Coast of Yellow Sea-Bohai Gulf of China (Phase I)**）
自然遺産（登録基準（(x)）　2019年
中 国

索引

【ソ】

【タ】

【チ】

索引

索引

索引

ジョドレル・バンク天文台
（**Jodrell Bank Observatory**）
文化遺産(登録基準(i) (ii) (iv)(vi)) 2019年
英 国

索
引

〈著者プロフィール〉

古田 陽久（ふるた・はるひさ　FURUTA Haruhisa）世界遺産総合研究所 所長

1951年広島県生まれ。1974年慶応義塾大学経済学部卒業、1990年シンクタンクせとうち総合研究機構を設立。アジアにおける世界遺産研究の先覚・先駆者の一人で、「世界遺産学」を提唱し、1998年世界遺産総合研究所を設置、所長兼務。毎年の世界遺産委員会や無形文化遺産委員会などにオブザーバー・ステータスで参加、中国杭州市での「首届中国大運河国際高峰論壇」、クルーズ船「にっぽん丸」、三鷹国際交流協会の国際理解講座、日本各地の青年会議所（JC）での講演など、その活動を全国的、国際的に展開している。これまでにイタリア、中国、スペイン、フランス、ドイツ、インド、メキシコ、英国、ロシア連邦、アメリカ合衆国、ブラジル、オーストラリア、ギリシャ、カナダ、トルコ、ポルトガル、ポーランド、スウェーデン、ベルギー、韓国、スイス、チェコ、ペルーなど68か国、約300の世界遺産地を訪問している。
現在、広島市佐伯区在住。

【専門分野】世界遺産制度論、世界遺産論、自然遺産論、文化遺産論、危機遺産論、地域遺産論、日本の世界遺産、世界無形文化遺産、世界の記憶、世界遺産と教育、世界遺産と観光、世界遺産と地域づくり・まちづくり

【著書】「世界の記憶遺産60」(幻冬舎)、「世界遺産データ・ブック」、「世界無形文化遺産データ・ブック」、「世界の記憶データ・ブック」(世界記憶遺産データブック)、「誇れる郷土データ・ブック」、「世界遺産ガイド」シリーズ、「ふるさと」「誇れる郷土」シリーズなど多数。

【執筆】連載「世界遺産への旅」、「世界記憶遺産の旅」、日本政策金融公庫調査月報「連載『データで見るお国柄』」、「世界遺産を活用した地域振興－『世界遺産基準』の地域づくり・まちづくり－」(月刊「地方議会人」)、中日新聞・東京新聞サンデー版「大図解危機遺産」、「現代用語の基礎知識2009」(自由国民社) 世の中ペディア「世界遺産」など多数。

【テレビ出演歴】TBSテレビ「ひるおび」、「NEWS23」、「Nスタニュース」、テレビ朝日「モーニングバード」、「やじうまテレビ」、「ANNスーパーJチャンネル」、日本テレビ「スッキリ!!」、フジテレビ「めざましテレビ」、「スーパーニュース」、「とくダネ!」、「NHK福岡ロクいち！」など多数。

【ホームページ】「世界遺産と総合学習の杜」http://www.wheritage.net/

世界遺産キーワード事典－2020改訂版－

2020年（令和2年）7月14日　初版 第1刷

著　　　者　古 田 陽 久
企画・編集　世界遺産総合研究所
発　　　行　シンクタンクせとうち総合研究機構 ©
　　　　　　〒731-5113
　　　　　　広島市佐伯区美鈴が丘緑三丁目4番3号
　　　　　　TEL＆FAX　082-926-2306
　　　　　　電子メール　wheritage@tiara.ocn.ne.jp
　　　　　　インターネット　http://www.wheritage.net
　　　　　　出版社コード　86200

Complied and Printed in Japan, 2020　ISBN978-4-86200-241-9 C1526 Y2500E

発 行 図 書 の ご 案 内

世 界 遺 産 シ リ ー ズ

世界遺産データ・ブック 2020年版 **新刊** 978-4-86200-228-0 本体2778円 2019年8月
最新のユネスコ世界遺産1121物件の全物件名と登録基準、位置を掲載。ユネスコ世界遺産の概要も充実。世界遺産学習の上での必携の書。

世界遺産事典-1121全物件プロフィール- **新刊** 978-4-86200-229-7 本体2778円 2019年8月
2020改訂版 世界遺産1121物件の全物件プロフィールを収録。 2020改訂版

世界遺産キーワード事典 2020改訂版 **新刊** 978-4-86200-241-9 本体2600円 2020年7月発行
世界遺産に関連する用語の紹介と解説

世界遺産マップス -地図で見るユネスコの世界遺産- **新刊** 978-4-86200-232-7 本体2600円 2019年12月発行
2020改訂版 世界遺産1121物件の位置を地域別・国別に整理

世界遺産ガイド-世界遺産条約採択40周年特集- 978-4-86200-172-6 本体2381円 2012年11月発行
世界遺産の40年の歴史を特集し、持続可能な発展を考える。

世界遺産フォトス -写真で見るユネスコの世界遺産- 4-916208-22-6 本体1905円 1999年8月発行
世界遺産の多様性を写真資料で学ぶ。 第2集-多様な世界遺産- 4-916208-50-1 本体2000円 2002年1月発行
第3集-海外と日本の至宝100の記憶- 978-4-86200-148-1 本体2381円 2010年1月発行

世界遺産入門-平和と安全な社会の構築- 978-4-86200-191-7 本体2500円 2015年5月発行
世界遺産を通じて「平和」と「安全」な社会の大切さを学ぶ

世界遺産学入門-もっと知りたい世界遺産- 4-916208-52-8 本体2000円 2002年2月発行
新しい学問としての「世界遺産学」の入門書

世界遺産学のすすめ-世界遺産が地域を拓く- 4-86200-100-9 本体2000円 2005年4月発行
普遍的価値を顕す世界遺産が、閉塞した地域を拓く

世界遺産概論＜上巻＞＜下巻＞ 世界遺産の基礎的事項 上巻 978-4-86200-116-0 2007年1月発行
をわかりやすく解説 下巻 978-4-86200-117-7 本体各2000円

世界遺産ガイド-ユネスコ遺産の基礎知識-2020改訂版 **新刊** 978-4-86200-238-9 本体2778円 2020年7月発行
混同しやすいユネスコ三大遺産の違いを明らかにする

世界遺産ガイド-世界遺産条約編- 4-916208-34-X 本体2000円 2000年7月発行
世界遺産条約を特集し、条約の趣旨や目的などポイントを解説

世界遺産ガイド -世界遺産条約と 978-4-86200-128-3 本体2000円 2007年12月発行
オペレーショナル・ガイドラインズ編- 世界遺産条約とその履行の為の作業指針について特集する

世界遺産ガイド-世界遺産の基礎知識編- 2009改訂版 978-4-86200-132-0 本体2000円 2008年10月発行
世界遺産の基礎知識をQ&A形式で解説

世界遺産ガイド-図表で見るユネスコの世界遺産編- 4-916208-89-7 本体2000円 2004年12月発行
世界遺産をあらゆる角度からグラフ、図表、地図などで読む

世界遺産ガイド-情報所在源編- 4-916208-84-6 本体2000円 2004年1月発行
世界遺産に関連する情報所在源を各国別、物件別に整理

世界遺産ガイド-自然遺産編- 2020改訂版 **新刊** 978-4-86200-234-1 本体2600円 2020年4月発行
ユネスコの自然遺産の全容を紹介

世界遺産ガイド-文化遺産編- 2020改訂版 **新刊** 978-4-86200-235-8 本体2600円 2020年4月発行
ユネスコの文化遺産の全容を紹介

世界遺産ガイド-文化遺産編- 1. 遺跡 4-916208-32-3 本体2000円 2000年8月発行
2. 建造物 4-916208-33-1 本体2000円 2000年9月発行
3. モニュメント 4-916208-35-8 本体2000円 2000年10月発行
4. 文化的景観 4-916208-53-6 本体2000円 2002年1月発行

世界遺産ガイド-複合遺産編- 2020改訂版 **新刊** 978-4-86200-236-5 本体2600円 2020年4月発行
ユネスコの複合遺産の全容を紹介

世界遺産ガイド-危機遺産編- 2020改訂版 **新刊** 978-4-86200-237-2 本体2600円 2020年4月発行
ユネスコの危機遺産の全容を紹介

世界遺産ガイド-文化の道編- 978-4-86200-207-5 本体2500円 2016年12月発行
世界遺産に登録されている「文化の道」を特集

世界遺産ガイド-文化的景観編- 978-4-86200-150-4 本体2381円 2010年4月発行
文化的景観のカテゴリーに属する世界遺産を特集

世界遺産ガイド-複数国にまたがる世界遺産編- 978-4-86200-151-1 本体2381円 2010年6月発行
複数国にまたがる世界遺産を特集

世界遺産ガイド－日本編－ 2020改訂版 〈新刊〉	978-4-86200-230-3 本体2778円 2019年9月発行 日本にある世界遺産、暫定リストを特集
日本の世界遺産 －東日本編－ －西日本編－	978-4-86200-130-6 本体2000円 2008年2月発行 978-4-86200-131-3 本体2000円 2008年2月発行
世界遺産ガイド－日本の世界遺産登録運動－	4-86200-108-4 本体2000円 2005年12月発行 暫定リスト記載物件はじめ世界遺産登録運動の動きを特集
世界遺産ガイド－世界遺産登録をめざす富士山編－	978-4-86200-153-5 本体2381円 2010年11月発行 富士山を世界遺産登録する意味と意義を考える
世界遺産ガイド－北東アジア編－	4-916208-87-0 本体2000円 2004年3月発行 北東アジアにある世界遺産を特集、国の概要も紹介
世界遺産ガイド－朝鮮半島にある世界遺産－	4-86200-102-5 本体2000円 2005年7月発行 朝鮮半島にある世界遺産、暫定リスト、無形文化遺産を特集
世界遺産ガイド－中国編－ 2010改訂版	978-4-86200-139-9 本体2381円 2009年10月発行 中国にある世界遺産、暫定リストを特集
世界遺産ガイド－モンゴル編－ 〈新刊〉	978-4-86200-233-4 本体2500円 2019年12月発行 モンゴルにあるユネスコ遺産を特集
世界遺産ガイド－東南アジア編－	978-4-86200-149-8 本体2381円 2010年5月発行 東南アジアにある世界遺産、暫定リストを特集
世界遺産ガイド－ネパール・インド・スリランカ編－ 〈新刊〉	978-4-86200-221-1 本体2500円 2018年11月発行 ネパール・インド・スリランカにある世界遺産を特集
世界遺産ガイド－オーストラリア編－	4-86200-115-7 本体2000円 2006年5月発行 オーストラリアにある世界遺産を特集、国の概要も紹介
世界遺産ガイド－中央アジアと周辺諸国編－	4-916208-63-3 本体2000円 2002年8月発行 中央アジアと周辺諸国にある世界遺産を特集
世界遺産ガイド－中東編－	4-916208-30-7 本体2000円 2000年7月発行 中東にある世界遺産を特集
世界遺産ガイド－知られざるエジプト編－	978-4-86200-152-8 本体2381円 2010年6月発行 エジプトにある世界遺産、暫定リスト等を特集
世界遺産ガイド－アフリカ編－	4-916208-27-7 本体2000円 2000年3月発行 アフリカにある世界遺産を特集
世界遺産ガイド－イタリア編－	4-86200-109-2 本体2000円 2006年1月発行 イタリアにある世界遺産、暫定リストを特集
世界遺産ガイド－スペイン・ポルトガル編－	978-4-86200-158-0 本体2381円 2011年1月発行 スペインとポルトガルにある世界遺産を特集
世界遺産ガイド－英国・アイルランド編－	978-4-86200-159-7 本体2381円 2011年3月発行 英国とアイルランドにある世界遺産等を特集
世界遺産ガイド－フランス編－	978-4-86200-160-3 本体2381円 2011年5月発行 フランスにある世界遺産、暫定リストを特集
世界遺産ガイド－ドイツ編－	4-86200-101-7 本体2000円 2005年6月発行 ドイツにある世界遺産、暫定リストを特集
世界遺産ガイド－ロシア編－	978-4-86200-166-5 本体2381円 2012年4月発行 ロシアにある世界遺産等を特集
世界遺産ガイド－コーカサス諸国編－ 〈新刊〉	978-4-86200-227-3 本体2500円 2019年6月発行 コーカサス諸国にある世界遺産等を特集
世界遺産ガイド－バルト三国編－ 〈新刊〉	4-86200-222-8 本体2500円 2018年12月発行 バルト三国にある世界遺産を特集
世界遺産ガイド－アメリカ合衆国編－ 〈新刊〉	978-4-86200-214-3 本体2500円 2018年1月発行 アメリカ合衆国にあるユネスコ遺産等を特集
世界遺産ガイド－メキシコ編－	978-4-86200-202-0 本体2500円 2016年8月発行 メキシコにある世界遺産等を特集
世界遺産ガイド－カリブ海地域編－ 〈新刊〉	4-86200-226-6 本体2600円 2019年5月発行 カリブ海地域にある主な世界遺産を特集
世界遺産ガイド－中米編－	4-86200-81-1 本体2000円 2004年2月発行 中米にある主な世界遺産を特集
世界遺産ガイド－南米編－	4-86200-76-5 本体2000円 2003年9月発行 南米にある主な世界遺産を特集

世界遺産ガイド-地形・地質編-	978-4-86200-185-6 本体2500円 2014年5月発行	世界自然遺産のうち、代表的な「地形・地質」を紹介
世界遺産ガイド-生態系編-	978-4-86200-186-3 本体2500円 2014年5月発行	世界自然遺産のうち、代表的な「生態系」を紹介
世界遺産ガイド-自然景観編-	4-916208-86-2 本体2000円 2004年3月発行	世界自然遺産のうち、代表的な「自然景観」を紹介
世界遺産ガイド-生物多様性編-	4-86200-83-8 本体2000円 2004年1月発行	世界自然遺産のうち、代表的な「生物多様性」を紹介
世界遺産ガイド-自然保護区編-	4-916208-73-0 本体2000円 2003年5月発行	自然遺産のうち、自然保護区のカテゴリーにあたる物件を特集
世界遺産ガイド-国立公園編-	4-916208-58-7 本体2000円 2002年5月発行	ユネスコ世界遺産のうち、代表的な国立公園を特集
世界遺産ガイド-名勝・景勝地編-	4-916208-41-2 本体2000円 2001年3月発行	ユネスコ世界遺産のうち、代表的な名勝・景勝地を特集
世界遺産ガイド-歴史都市編-	4-916208-64-1 本体2000円 2002年9月発行	ユネスコ世界遺産のうち、代表的な歴史都市を特集
世界遺産ガイド-都市・建築編-	4-916208-39-0 本体2000円 2001年2月発行	ユネスコ世界遺産のうち、代表的な都市・建築を特集
世界遺産ガイド-産業・技術編-	4-916208-40-4 本体2000円 2001年3月発行	ユネスコ世界遺産のうち、産業・技術関連遺産を特集
世界遺産ガイド-産業遺産編-保存と活用	4-86200-103-3 本体2000円 2005年4月発行	ユネスコ世界遺産のうち、各産業分野の遺産を特集
世界遺産ガイド-19世紀と20世紀の世界遺産編-	4-916208-56-0 本体2000円 2002年7月発行	激動の19世紀、20世紀を代表する世界遺産を特集
世界遺産ガイド-宗教建築物編-	4-916208-72-2 本体2000円 2003年6月発行	ユネスコ世界遺産のうち、代表的な宗教建築物を特集
世界遺産ガイド-仏教関連遺産編- 新刊	4-86200-223-5 本体2600円 2019年2月発行	ユネスコ世界遺産のうち仏教関連遺産を特集
世界遺産ガイド-歴史的人物ゆかりの世界遺産編-	4-916208-57-9 本体2000円 2002年9月発行	歴史的人物にゆかりの深いユネスコ世界遺産を特集
世界遺産ガイド -人類の負の遺産と復興の遺産編-	978-4-86200-173-3 本体2000円 2013年2月発行	世界遺産から人類の負の遺産と復興の遺産を学ぶ
世界遺産ガイド-暫定リスト記載物件編-	978-4-86200-138-2 本体2000円 2009年5月発行	世界遺産暫定リストに記載されている物件を一覧する
世界遺産ガイド －特集　第29回世界遺産委員会ダーバン会議－	4-86200-105-X 本体2000円 2005年9月発行	2005年新登録24物件と登録拡大、危機遺産などの情報を満載
世界遺産ガイド －特集　第28回世界遺産委員会蘇州会議－	4-916208-95-1 本体2000円 2004年8月発行	2004年新登録34物件と登録拡大、危機遺産などの情報を満載

世 界 の 文 化 シ リ ー ズ

世界遺産の無形版といえる「世界無形文化遺産」についての希少な書籍

世界無形文化遺産データ・ブック 2020年版 新刊	978-4-86200-238-9 本体2600円 2020年6月発行	世界無形文化遺産の仕組みや登録されているものを地域別・国別に整理。
世界無形文化遺産事典 2020年版 新刊	978-4-86200-239-6 本体2600円 2020年6月発行	世界無形文化遺産の概要を、地域別・国別・登録年順に掲載。

世 界 の 記 憶 シ リ ー ズ

ユネスコのプログラム「世界の記憶」の全体像を明らかにする日本初の書籍

世界の記憶データ・ブック 2017～2018年版 新刊	978-4-86200-215-0 本体2778円 2018年1月発行	ユネスコ三大遺産事業の一つ「世界の記憶」の仕組みや427件の世界の記憶など、プログラムの全体像を明らかにする日本初のデータ・ブック。

ふるさとシリーズ

誇れる郷土データ・ブック　新刊
－世界遺産と令和新時代の観光振興－2020年版

978-4-86200-231-0 本体2500円 2019年12月発行
令和新時代の観光振興につながるユネスコの世界遺産、世界無形文化遺産、世界の記憶、それに日本遺産などを整理

誇れる郷土データ・ブック
－2020東京オリンピックに向けて－2017年版

978-4-86200-209-9 本体2500円 2017年3月発行
2020年に開催される東京オリンピック・パラリンピックを見据えて、世界に通用する魅力ある日本の資源を都道府県別に整理

誇れる郷土データ・ブック
－地方の創生と再生－　2015年版

978-4-86200-192-4 本体2500円 2015年5月発行
国や地域の創生や再生につながるシーズを都道府県別に整理

誇れる郷土ガイド－日本の歴史的な町並み編－

978-4-86200-210-5 本体2500円 2017年8月発行
日本らしい伝統的な建造物群が残る歴史的な町並みを特集

誇れる郷土ガイド

－北海道・東北編－
4-916208-42-0 本体2000円 2001年5月発行
北海道・東北地方の特色・魅力・データを道県別に整理

－関東編－
4-916208-48-X 本体2000円 2001年11月発行
関東地方の特色・魅力・データを道県別にコンパクトに整理

－中部編－
4-916208-61-7 本体2000円 2002年10月発行
中部地方の特色・魅力・データを道県別にコンパクトに整理

－近畿編－
4-916208-46-3 本体2000円 2001年10月発行
近畿地方の特色・魅力・データを道県別にコンパクトに整理

－中国・四国編－
4-916208-65-X 本体2000円 2002年12月発行
中国・四国地方の特色・魅力・データを道県別にコンパクトに整理

－九州・沖縄編－
4-916208-62-5 本体2000円 2002年11月発行
九州・沖縄地方の特色・魅力・データを道県別にコンパクトに整理

誇れる郷土ガイド－口承・無形遺産編－

4-916208-44-7 本体2000円 2001年6月発行
各都道府県別に、口承・無形遺産の名称を整理収録

誇れる郷土ガイド－全国の世界遺産登録運動の動き－

4-916208-69-2 本体2000円 2003年1月発行
暫定リスト記載物件はじめ全国の世界遺産登録運動の動きを特集

誇れる郷土ガイド－全国47都道府県の観光データ編－
2010改訂版

978-4-86200-123-8 本体2381円 2009年12月発行
各都道府県別の観光データ等の要点を整理

誇れる郷土ガイド－全国47都道府県の誇れる景観編－

4-916208-78-1 本体2000円 2003年10月発行
わが国の美しい自然環境や文化的な景観を都道府県別に整理

誇れる郷土ガイド－全国47都道府県の国際交流・協力編－

4-916208-85-4 本体2000円 2004年4月発行
わが国の国際交流・協力の状況を都道府県別に整理

誇れる郷土ガイド－日本の国立公園編－

4-916208-94-3 本体2000円 2005年2月発行
日本にある国立公園を取り上げ、概要を紹介

誇れる郷土ガイド－自然公園法と文化財保護法－

978-4-86200-129-0 本体2000円 2008年2月発行
自然公園法と文化財保護法について紹介する

誇れる郷土ガイド－市町村合併編－

978-4-86200-118-4 本体2000円 2007年2月発行
平成の大合併により変化した市町村の姿を都道府県別に整理

日本ふるさと百科－データで見るわたしたちの郷土－

4-916208-11-0 本体1429円 1997年12月発行
事物・統計・地域戦略などのデータを各都道府県別に整理

環日本海エリア・ガイド

4-916208-31-5 本体2000円 2000年6月発行
環日本海エリアに位置する国々や日本の地方自治体を取り上げる

シンクタンクせとうち総合研究機構

事務局　〒731-5113　広島市佐伯区美鈴が丘緑三丁目4番3号

書籍のご注文専用ファックス　082-926-2306　電子メールwheritage@tiara.ocn.ne.jp